Guillaume Martin

SOKRATES
AUF DEM RENNRAD

Guillaume Martin

SOKRATES AUF DEM RENNRAD

Eine Tour de France der Philosophen

Aus dem Französischen von Christoph Sanders

covadonga

Die Originalausgabe dieses Buches erschien unter dem Titel
»Socrate à velo. Le Tour de France des philosophes. Nouvelle édition«
bei Bernard Grasset, Paris.

Guillaume Martin:
Sokrates auf dem Rennrad – Eine Tour de France der Philosophen

Aus dem Französischen von Christoph Sanders

Covadonga Verlag, Spindelstr. 58, D-33604 Bielefeld
ISBN (Print): 978-3-95726-053-6
ISBN (E-Book): 978-3-95726-057-4

Coverillustration: © André Sanchez / Porträtfoto des Autors: © JF PAGA
Druck und Bindung: Westermann Druck Zwickau GmbH
5. Auflage, 2024

Bibliografische Information der Deutschen Nationalbibliothek:
Die Deutsche Nationalbibliothek verzeichnet diese Publikation
in der Deutschen Nationalbibliografie; detaillierte bibliografische
Daten sind im Internet über http://dnb.dnb.de abrufbar.

Covadonga ist der Verlag für Radsportliteratur.
Besuchen Sie uns im Internet: *www.covadonga.de*

INHALT

I

AUF DEM WEG ZUR TOUR

EINE UNERWARTETE NACHRICHT

Unsere Geschichte beginnt am 10. Dezember während einer Zusammenkunft der griechischen Radsport-Nationalmannschaft in Olympia, ungefähr zwei Monate vor Saisonbeginn. Die ersten Rennen sind noch fern; trotzdem haben alle Fahrer schon ein erhebliches Pensum hinter sich, haben unermüdlich Stunden im Sattel gesammelt und daran gearbeitet, eine starke Truppe zusammenzuschweißen, die in der Lage ist, sich mit der kollektiven Kraft der größten Mannschaften im Peloton zu messen. Denn diesmal erwartet die Hellenen ein wahrer Berg: Erstmals in ihrer Geschichte gehen sie im nächsten Sommer bei der Tour de France an den Start.

Nie hätten sich diese Athleten träumen lassen, eines Tages am größten Radrennen der Welt teilzunehmen. Üblicherweise finden sie sich in Rennen der zweiten Kategorie wieder, bestreiten in Asien oder Osteuropa Wettkämpfe, denen die Medien wenig Aufmerksamkeit schenken. Die Tour verfolgen sie nur aus der Ferne, in Zeitungen oder auf ihren Tablets. Sie ist ein ferner Stern, ein unerreichbares Reservat der großen Rennfahrer, der Champions.

Doch in diesem Jahr haben die Veranstalter der Tour ihre Auswahlkriterien geändert. Um dem Rennen mehr internationale Reichweite zu verleihen und sich von finanziellen Interessen unabhängig zu machen, wurde beschlossen, statt Markenrennställen wieder Nationalmannschaften starten zu lassen. Der griechische Verband ergriff die Gelegenheit beim Schopf und bewarb sich umgehend für eine Einladung zur Teilnahme.

Und zur Überraschung aller, insbesondere auch der Griechen selbst, wurde der Antrag angenommen.

Man muss sagen, das eingereichte Bewerbungsschreiben war schon eine kleine Meisterleistung. Man erinnerte daran, dass Griechenland die Wiege des modernen Sports sei. Vor allem wurde das Potenzial des Landes für die Entwicklung des Radsports unterstrichen: abwechslungsreiche Strecken, ideale Wetterbedingungen, großartige Landschaften... Man versprach eine ehrgeizige, hochmotivierte Nationalmannschaft.

Die Veranstalter beeindruckte vor allem der Stil, mit dem die Argumente der Bewerbung vorgebracht wurden. Nicht nur war der Satzbau makellos, die Argumente folgten einander in so vollendeter Logik, dass es nach Durchsicht der Unterlagen nur einen zwingenden Schluss geben konnte: die Einladung der griechischen Mannschaft.

Am erstaunlichsten aber wirkte die Beteuerung der Sportler, sie hätten das Dokument selbst zu Papier gebracht! Das bewies über ihre Motivation hinaus eine offenbar außergewöhnliche Intelligenz. Wie sonst hätten Athleten die Zeit und den gedanklichen Abstand finden können, ein derartiges Bewerbungsschreiben zu verfassen? Alles in allem sehr beeindruckend. Zudem verstand sich der größte Teil der Mannschaft nicht nur als Radsportler, sondern auch als Philosophen. Diese Griechen waren einfach Originale. Sie hatten es verdient, an Bekanntheit zu gewinnen.

Sobald die Einladung Griechenlands offiziell wurde und man von dieser Mannschaft mit den ungewöhnlichen Mitgliedern erfuhr, zögerten die Medien nicht, dem kleinen Team ganz besondere Aufmerksamkeit zu schenken. Anrufe und Interviewanfragen zuhauf prasselten auf die Griechen ein. Jeder wollte seine Reportage. Um die Dinge zu vereinfachen und sich nicht zu verzetteln, beschloss man, anlässlich des Trainingslagers zu Saisonbeginn eine gemeinsame Pressekonferenz zu geben.

Und so fanden sich also Journalisten aller Länder und Medien Anfang Dezember in Olympia ein.

Das für 17 Uhr angesetzte Treffen beginnt gleich. Der Konferenzraum des Hotels »Domäne der Götter« ist für den Anlass hergerichtet worden: Ein Tisch und drei noch leere Stühle stehen auf einer kleinen Empore bereit, dem mit Journalisten gefüllten Saal zugewandt. Einige neugierige Touristen haben sich ebenfalls unter die Medienvertreter gemischt. An der Wand hängen zwei azurblaue Trikots in den griechischen Nationalfarben neben Plakaten mit der Streckenführung der nächsten Tour.

Zur vereinbarten Zeit betreten die drei Symbolfiguren des griechischen Radsports den Raum. An ihrer Spitze Sokrates mit seiner hohen Stirn und dem schelmischen Blick – beides Zeichen seiner Erfahrung. Als mehrfacher Sieger der Karpaten-Rundfahrt und der Tour du Péloponnèse ist Sokrates der unbestrittene Kapitän seiner Mannschaft. Er wird von seinem treuen Sekundanten begleitet, dem muskulösen Platon, einem ehemaligen Ringer, der zum Radsport gewechselt ist und für Sokrates eine wertvolle Hilfe darstellt, wenn es darum geht, in der Ebene »Wind zu fressen«. Als Letzter stellt Aristoteles sich vor, ein junger, ehrgeiziger Mann, der sich jetzt schon durch großes taktisches Gespür auszeichnet. Einen Namen machte er sich im vergangenen Jahr bei der Mazedonien-Rundfahrt, wo er die Gelegenheit nutzte, dass die beiden Topfavoriten sich belauerten, um eine prestigeträchtige Etappe zu gewinnen.

Sokrates ist von der Aussicht, sich einen ganzen Nachmittag von fragenden Journalisten löchern zu lassen, nicht gerade begeistert. Er hat heute schon fünf Stunden auf dem Rad gesessen, für morgen sind sogar sechs Stunden im Sattel vorgesehen. Lieber wäre er jetzt bei der Massage, als sich dem Frage- und Antwortspiel hinzugeben. Eine Wahl hat er aber nicht: Wenn man an der Tour teilnimmt, ist Medienpräsenz Teil des Jobs. Außerdem ist dieser winterliche Pressetermin nichts im Vergleich zu dem, was die griechischen Fahrer im Sommer erwarten wird.

Warum zum Teufel sind hier nur so viele Journalisten?

DER RADRENNFAHRER UND SEINE RÜCKENNUMMER

»Der Mensch ist jeden Tag zu erfinden.«

SARTRE

Ohne es offen einzugestehen, halten die Leute Sportler meistens für leicht dümmliche Personen. Doch wenn Athleten ihr Land oder ihren Verein im Glanz des Sieges erstrahlen lassen oder wenn sie Menschen ins Schwärmen bringen, ist man bereit, ihnen ihre geistige Schwerfälligkeit zu verzeihen. Man witzelt über einen Fußballer, dem es nur mit Mühe gelingt, in einem Interview drei zusammenhängende Worte zu sagen; gleichzeitig aber verlangt man von einem Spieler nie, ein glänzender Redner zu sein, solange er geschickt mit seinen Füßen umgeht. Was zählt schon der Kopf, wenn man es in den Beinen hat? Letztlich hat es ganz den Anschein, als werde die Frage der Intelligenz eines Sportlers bewusst in Schweigen gehüllt.

Mich schockiert es nicht, dass man so tut, als sei es egal, was im Kopf eines Athleten vorgeht. Ich finde es sogar richtig und angemessen, denn was auch immer man behaupten mag – Sport ist in erster Linie Sache des Körpers.

Es schockiert mich dagegen, wenn man sich über einen intelligenten Sportler wundert. Dass man es unpassend findet, wenn ein Radrennfahrer im Radio »France Culture« hört. Oder dass man einen Sportler allein aufgrund eines Studiums bemerkenswert findet... Das alles empört mich, weil dem die Idee zugrunde liegt, ein Sportler *könne gar nicht* in der Lage sein, zu denken. Es zählt einfach nicht zu seinen Attributen. Können muss er hingegen: laufen, springen, werfen, in die Pedale treten... Als ob der Mensch des Stadions letztlich eine lebende Maschine wäre, die in ihrem Fach ein Experte ist, aber allen übrigen Bereichen der menschlichen Existenz gegenüber gleichgültig. So vergisst man im Grunde, dass der Sportler auch Mensch ist und sein Leben sich nicht auf eine Rückennummer beschränkt.

Wenn Menschen einen Radsportler, der zugleich Philosoph ist, bestaunen, bewundern und witzig finden, dann deshalb, weil ein Radsportler für sie nur in Radshorts vorstellbar ist. Genau wie man in einer Kneipe den Kellner nur in seiner Funktion und nicht als Person wahrnimmt, ist es fast undenkbar, dass ein Radrennfahrer etwas anderes als ein Körper auf dem Rad sein könnte. Schlimmer noch: Allein die Tatsache, dass ein Radsportler einer anderen Passion als seinem Sport nachgeht, wird ihm fast als Zeichen von Amateurhaftigkeit ausgelegt. Als schließe Hochleistungssport jede andere Beschäftigung aus.

Und doch geht das Leben irgendwie weiter, wenn man vom Rad absteigt. Wie jeder Berufszweig besteht der Radsport aus einer großen Bandbreite von Typen, und wie alle Menschen haben auch Radrennfahrer ihre Eigenheiten. So kenne ich unter ihnen begeisterte Kinogänger und wahre Experten für moderne Kunst... Andere arbeiten jeden Tag nach dem Training auf dem Bauernhof, nur aus Lust und Leidenschaft. Die einen lieben laute Autos, die anderen die Ruhe des Landlebens. Angler, Hipster, Rocker: Es braucht alle Typen, um ein Peloton zu bilden!

Sicher wirken auch soziale Komponenten hinein, und vermutlich gibt es in der großen Radsportfamilie tatsächlich mehr Bauernsöhne als Vorstandskinder. Ich will nicht verschweigen, dass es auch einige farblose Persönlichkeiten gibt. Und natürlich, wie überall, auch einige Vollidioten: Dummheit ist schließlich, wie jeder weiß, die bestverteilte Sache der Welt.

Selbst mit meiner geringen Erfahrung kann ich behaupten, dass es im Radsport eine unglaubliche Zahl von Persönlichkeiten und Lebensläufen gibt, die es verdienten, entdeckt zu werden. Das Problem ist, dass sich normalerweise niemand die

Mühe macht, sich auf die Suche zu begeben. Lieber werden die ewig gleichen Geschichten ständig wiederholt...

Während meiner ersten Tour-de-France-Teilnahme im Jahr 2017 zeigten die Medien reges Interesse für meine eigene Geschichte. Wenige Tage vor dem Start in Düsseldorf veröffentlichte Pierre Carey, ein Journalist von *Libération*, den ich seit Amateurzeiten kenne und dem ich freundschaftlich verbunden bin, ein Porträt von mir: Guillaume Martin, Radprofi, besitzt einen Master in Philosophie und schreibt in seiner Freizeit Theaterstücke.

Der Artikel »Martin, ein Nietzsche mit Rennlenker« war sehr gut. Ich habe dem Porträt nichts hinzuzufügen. Ehrlich gesagt war ich vom philosophischen Wissen des Autors sehr beeindruckt und auch von der Treffsicherheit seiner Beschreibung.

Nun aber geschah Folgendes: Der Artikel wurde an einige Magazine weitergereicht, man interviewte mich für eine Morgensendung im Radio, andere Journalisten wollten mich sprechen, »um etwas über mich zu machen«, und so weiter... Kurzum, um die Figur des »intellektuellen Radsportlers« entstand ein kleiner medialer Auflauf.

Nur wenige Tage zuvor hatte ich von einer interessanten Studie gehört, die den Anteil originärer Inhalte in den Medien untersuchte. Das Ergebnis war ernüchternd: 64 Prozent der Online-Artikel erwiesen sich als reine Copy-and-Paste-Produkte. Praktisch alle Medien würden Inhalte anderer übernehmen, erklärten die Forscher. Sobald eine Information in einer renommierten Zeitung oder auf einer anerkannten Website auftaucht, wird sie überall weiterverbreitet. Ich war mittendrin.

PRESSEKONFERENZ IN OLYMPIA

Kaum haben sich die drei griechischen Fahrer gesetzt, beginnt die Pressekonferenz. Nachdem ein Journalist eher aus Höflichkeit nach dem Verlauf der Vorbereitungen gefragt hat, geht der Nächste gleich in medias res:

»Was bedeutet Ihnen die Vorstellung, an Ihrer ersten Tour de France teilzunehmen, dem Rennen, von dem alle Radsportler träumen?«

»Angesichts meines Alters und meiner Erfolge kommt das ziemlich unerwartet«, antwortet Sokrates nüchtern.

»Angesichts meines Alters ist das ziemlich vielversprechend«, versichert Aristoteles.

Platon dagegen, wie immer mit dem Sinn fürs rechte Maß, antwortet, dass die Tour für ihn gerade zur rechten Zeit komme, und ergänzt:

»Für viele Menschen verkörpert die Tour de France den gesamten Radsport. Das allgemeine Publikum weiß nicht, dass es viele andere Rennen im Kalender gibt! Sehen Sie, in meiner Freizeit leite ich ein Nachwuchszentrum für Radsportler, eine Art Akademie, die junge Talente aus Griechenland fördert und auch aus anderen Ländern, die keine große Beziehung zum Radsport haben. Oft fragen mich die Jugendlichen, ob ich schon an der Tour teilgenommen habe. Ich antworte ihnen: Ja, ich habe schon mehrfach an der Tour du Péloponnèse teilgenommen. Sie lachen dann nur und finden, das sei ja wohl nicht *die* Tour. Die Tour findet in Frankreich statt... Ich bin also sehr glücklich darüber, dem Nachwuchs bald mitteilen zu können, dass ich an der Tour teilgenommen habe. Der echten.«

»Ich erinnere mich noch an die Worte von Anaxagoras, einem meiner ersten Teamchefs«, ergänzt Sokrates, während die Journalisten noch Platons Anekdote niederschreiben. »Damit ich mich nach einem Sieg nicht auf meinen Lorbeeren ausruhte, pflegte Anaxagoras mir stets zu sagen: ›Ruhig Blut, Sokrates. Solange du nicht an der Tour de France teilgenommen hast, bist du kein echter Radrennfahrer.‹ Ende Juli werde ich nun sagen können, dass ich ein echter Radrennfahrer bin!«

Alle Journalisten haben ein Lächeln auf den Lippen. Diese Griechen gefallen ihnen. Sie unterscheiden sich vom üblichen Milieu. Das wird sicherlich Stoff für eine Menge schöner Artikel bieten.

Nach zwei, drei rasch abgehandelten Fragen, die die Ziele der griechischen Mannschaft bei ihrer ersten Tour-Teilnahme betreffen, geht ein junger, schneidiger Reporter endlich das Thema an, das hier alle interessiert:

»Wie ich gehört habe, sind Sie Philosophen. Natürlich weiß ich, dass wir in Griechenland sind, aber Sie müssen doch zugeben, dass Radsportler-Philosophen oder Philosophen-Radsportler doch ziemlich originell sind. Wie sollen wir Sie eigentlich nennen? ›Cyclosophen‹?«

Der Journalist wirkt sehr angetan von seiner kleinen Wortschöpfung. Damit kann er sich vor den Kollegen profilieren.

»Es stimmt, dass wir uns für Philosophie interessieren, wir denken darüber nach, wie die Dinge sich ordnen«, antwortet Sokrates kühl. »Aber in erster Linie sind wir Radsportler. Nennen Sie uns einfach Platon, Aristoteles, Sokrates, die Radrennfahrer, dagegen haben wir nichts.«

»Aber das ist doch zu bescheiden, Sie tun ja gerade so, als sei es nichts Besonderes, das Leben eines Spitzensportlers mit der Praxis der Philosophie zu verbinden. Das ist doch eine Leistung!«, protestiert der Reporter, den die Antwort kalt erwischt hat.

»Was das betrifft«, mischt sich ein weiterer Journalist ein, »wie finden Sie eigentlich Zeit zum Philosophieren? Denken Sie manchmal auf dem Rad?«

Sokrates wirkt leicht verärgert über die Wendung, die das Interview zu nehmen scheint. Ihm wird bewusst, dass er mit anderen Augen gesehen wird, seit sein Name auf der Startliste der Tour de France steht – mit einem Blick, in dem Faszination und Unverständnis sich mischen.

Ohne weiter Rücksicht auf die Umstehenden zu nehmen, die seine Antwort erwarten, beginnt Sokrates nachzudenken. Philosophie ist keine Beschäftigung, »für die man Zeit finden muss«, sagt er sich. Denken kann man nicht anordnen. Die Philosophie offenbart sich. Sie ist eine Lebensart, es geht eher um eine Form des Denkens als um den Inhalt des Gedachten. Und warum sollte eine Form des Denkens mit dem Leben eines Radprofis unvereinbar sein?

Als er Sokrates in seine Überlegungen vertieft sieht, ergreift Aristoteles das Wort:

»Selbstverständlich denken wir manchmal auch auf dem Rad! Das Denken braucht weder Zeit noch Ort. Denken durchströmt alles. Ich möchte sogar sagen: Das Rad hilft beim Denken. Flaubert sagte, ›man kann nur im Sitzen denken‹, wohingegen Nietzsche behauptet, ›nur Gedanken, die im Gehen kommen, sind etwas wert‹. So gesehen versöhnt das Rad Nietzsche mit Flaubert, denn hier werden beide Bedingungen erfüllt: Wenn wir Rad fahren, sind wir Sitzende, die sich bewegen! Wenn Sie also Philosoph werden wollen, fahren Sie Fahrrad!«

Die Journalisten sind von den zitierten Referenzen ein wenig verwirrt, merken sich aber immerhin die letzte *Punchline*, während Platon zur Gegenrede ansetzt:

»Ich teile deine Begeisterung nicht ganz, mein lieber Aristoteles. Zwar stimmt es, dass wir auf dem Rad ab und zu unseren Geist schweifen lassen und uns manche philosophische Eingebung zufliegt. Doch im Allgemeinen ist es schwer, sich im Training ausreichend zu konzentrieren, um eine lückenlose Kette logischer Argumente aufzubauen. Körperliche Anstrengung vernebelt zwangsläufig unsere intellektuelle Aktivität.«

»Mein lieber Platon, ich weiß wohl, dass für dich unser Körper ein Käfig, ja, nur ein ›Sarg‹ ist, der unseren Geist einsperrt«, echauffiert sich Aristoteles. »Ich weiß wohl, dass du Sinneseindrücke nur als einen schwachen Widerschein des Erfahrbaren siehst. Ich weiß auch, dass du dem Sport in deinem Leben nur einen bestimmten Platz zubilligst und den Radsport als Amateur betreibst. Es steht dir frei. Aber sei dir bewusst, dass es, solltest du nicht zur Tour wollen, eine ganze Reihe junger Sportler gibt, die nur davon träumen, dabei zu sein. Es ist noch nicht einmal lange her, da war ich noch im Sport-Leistungskurs meines Gymnasiums. Ich kann dir versichern, wir haben auf dem Rad philosophiert. Wir gefielen uns sogar darin, uns ›peripatetische Philosophen‹ zu nennen, Philosophen, die *spazieren fahren*. Unsere Gedanken bereicherten sich durch sportliche Praxis. Wenn wir an einem Konzept arbeiteten und nicht weiterkamen, drehten wir eine Runde mit dem Rad und bei unserer Rückkehr wurde alles klar und deutlich. Umgekehrt half uns das Studium, ein wenig Abstand zu unseren sportlichen Resultaten zu gewinnen. Es gibt noch viele Freunde am Gymnasium, die meine Philosophie teilen, eine Philosophie der Tat. Wenn du also glaubst, deine Teilnahme an der Tour könne deine brillante akademische Karriere behindern, kann ich Sokrates vielleicht ein paar Empfehlungen geben. Sie wären begeistert, ihn im kommenden Juli aus dem Wind halten zu dürfen…«

»Quatsch nicht daher, Aristoteles«, erwidert Platon, nun doch ein wenig um seinen Platz im Team besorgt. »Selbstverständlich komme ich als Sokrates' Edelhelfer zur Tour. Ich liebe meinen Sport. Und ich liebe ihn genau deshalb, weil er mir erlaubt, besser nachdenken zu können, da die physische Erschöpfung des Trainings die niederen Triebe eines manchmal so hinderlichen Körpers zum Schweigen bringt. Mein Intellekt kann sich dann frei entfalten. Das ist doch verständlich, oder?«

Die unversehens in die Zuschauerrolle gedrängten Journalisten bestätigen höflich. Wirklich verstanden haben sie nichts, wenn sie nicht sogar völlig den Faden verloren haben, aber das ist nicht so wichtig, denn: Sie haben ihr Thema. Diese Fähigkeit zur Reflexion über ihren Sport, diese (manchmal eruptive) Kunst des Dialogs, diese meisterhaft von den Griechen beherrschte Weise, sich in kunstvoll gedrechselten Sätzen auszudrücken – das alles wird ganz sicher für einen ordentlichen *Buzz* sorgen. Eine gute Inszenierung ist alles.

Drei Journalisten stellen noch ein paar Fragen, die sie im Kopf hatten. Sie fragen nach Büchern, die die griechischen Rennfahrer mitbringen werden, um ihre Zeit während der leeren Stunden der Tour totzuschlagen, sie fragen nach dem Nutzen der Philosophie für Rennstrategien... Platon und Aristoteles antworten sich gegenseitig ignorierend. Sokrates bleibt stumm, als wäre er nicht mehr da. Übrigens scheinen ihn gerade alle vergessen zu haben.

Aristoteles und Platon sind das gewohnt. Sie wissen, dass Sokrates solche Absenzen haben kann, mitten in einer Erklärung unvermittelt aufhört und sich völlig ausklinkt... Er sagt dann, »sein Dämon« rufe ihn. Die Journalisten sind dagegen viel zu sehr mit dem Schlagabtausch von Aristoteles und Platon beschäftigt, um den dritten griechischen Fahrer zu vermissen.

Doch gerade als die Pressekonferenz an ihr Ende kommt und alle beginnen, ihre Sachen einzupacken, hüstelt Sokrates leise und stellt mit verschmitztem Ausdruck eine Frage in die Runde: »Glauben Sie, wir können bei dieser Tour mit den besten Fahrern der Welt konkurrieren?«

Die zunächst überraschten Journalisten begnügen sich mit einem vielsagenden Lächeln. Das Problem liegt woanders, es ist ja schließlich schon erstaunlich genug, dass diese griechische Mannschaft überhaupt aus dem Nichts am größten Radrennen der Welt teilnimmt! Auch die beiden anderen hellenischen Fahrer scheinen von Sokrates' Einwurf ein wenig erstaunt. Doch dieser wiederholt, die fragenden Blicke seiner Mannschaftskameraden ignorierend, ruhig lächelnd seine Frage:

»Liebe Freunde, glauben Sie, wir sind in der Lage, bei der Tour mit den weltbesten Fahrern zu konkurrieren?«

Als Philosoph beantwortet Sokrates ungern Fragen. Das ist er nicht gewohnt. Viel lieber stellt er welche.

Und als Radsportler lässt Sokrates sich ungern auf seine Doppelexistenz als Radsportler-Philosoph festlegen. Er will nach seinen sportlichen Leistungen beurteilt werden.

Mit Perspektive auf die Tour hat er beschlossen, seine Trainingsumfänge zu verdoppeln, damit er im Juli mit den stärksten Fahrern des Pelotons, den Kapitänen der großen Mannschaften, auf Augenhöhe ist...

WARUM ICH DIESES BUCH SCHREIBE

»Spiele, damit du ernst sein kannst.«
ARISTOTELES

Ich beklage mich nicht. Diese kleine Woge der Aufmerksamkeit während meiner ersten Tour, der kleine mediale *Buzz* um meine Person, hat mir genutzt. Mein Bekanntheitsgrad ist gestiegen. Vermutlich habe ich diese Figur des Radsportler-Philosophen auch etwas überzeichnet. Ich fand durchaus Gefallen daran, *a fortiori*, wenn ich dabei einige der bekannten »Edelfedern« traf, deren Ruhm aus den vielen Geschichten bestand, die sie erlebt hatten.

Das ganze Spiel hat mich amüsiert, aber auch schnell gelangweilt. Mir wurde klar, dass manche Journalisten diesen ersten Artikel aus *Libération* einfach nur wiederholen wollten (oder sollten). Immer wieder bekam ich die ungefähr gleichen Fragen gestellt, dieselben, über die ich mich zuvor schon mit Pierre Carey unterhalten hatte: »Woran denkst du auf dem

Rad?«; »Wie hilft dir die Philosophie in deinem Beruf als Radsportler?«; »Welche Bücher hast du zur Tour mitgebracht?«; »Hast du nach den Etappen Zeit zu lesen?«; und so weiter...

Ich verstehe, wenn man vom Alltag eines Radprofis und seinen Erlebnissen fasziniert ist. Das Problem war nur, dass die meisten Antworten schon im ursprünglichen Artikel geschrieben standen, auf den sich dann die folgenden Journalisten im Interview sogar ausdrücklich bezogen. Dachten sie, ich würde ihnen nun andere Antworten geben? Von den drei Büchern, die ich mitgebracht hatte, könnte ich das eine oder andere bevorzugen, je nach meiner Laune oder dem Journalisten, der mich gerade besuchte. Aber alles in allem machte ich, manchmal wortwörtlich, dieselben Aussagen.

Oft beschreibt man den Radsportler auf seinem Rad als Maschine, aber in Wirklichkeit trifft diese Beschreibung eher auf den Radsportler zu, der sich vor Kameras oder Mikrofonen wiederfindet. Angesichts des Fließbandjournalismus ist es so gut wie unmöglich, nicht in gewisse Automatismen zu verfallen: Diese Frage erzeugt jene Antwort, ganz nach dem persönlichen Algorithmus, den man im Zuge all der Interviews allmählich entwickelt hat. Früher kam es vor, dass ich mich über Schauspieler lustig machte, die bei PR-Tourneen zur Vorstellung ihres neuen Films endlos die immer gleichen Anekdoten abspulten. Heute verstehe ich sie besser. Der Medienzirkus erzwingt auf Dauer das Oberflächliche, das Künstliche, das Unpersönliche.

Wie schon erwähnt, habe ich von all der Medienaufmerksamkeit während der Tour zugleich profitiert. Insbesondere konnte ich über den *L'Équipe*-Redakteur Philippe Brunel, dessen Bücher ebenfalls dort erscheinen, den Kontakt zum Verlag Grasset herstellen. Gleich am Tag nach der Ankunft auf den Champs-Élysées hatte ich in Paris einen Termin im historischen Sitz des Verlages, bei dem man mir anbot, ein Buch zu schreiben. Inhalt und Form wären mir absolut freigestellt. Ich habe recht schnell eingewilligt. Denn genau darin sah ich eine Möglichkeit, der mechanistischen, algorithmischen Logik der Interviews zu entkommen, um mich ein wenig deutlicher und differenzierter auszudrücken.

Wozu dieses Buch? Vor allem, um einmal die Art und Weise infrage zu stellen, in der das Publikum Sportler wahrnimmt, Radsportler vor allem. Eine Wahrnehmung, die mir oft überzogen und einseitig erscheint.

Auf dem Prüfstand steht die gesamte Inszenierung, mit der sich Sportereignisse in unserer Zeit umgeben und die ihnen manchmal den Anschein eines großen Jahrmarkts verleihen, mit uns Athleten, uns Radrennfahrern, als Hauptattraktion. Was natürlich auch seine guten Seiten hat – im Mittelpunkt der Aufmerksamkeit zu stehen, ist nun mal gut fürs Ego –, aber auch seine schlechten: Die enorme Erregungswelle, die man um die Fahrer während der Tour de France erzeugt, der »großen Messe im Juli«, verleiht einem als Sportler manchmal den Anschein, lediglich Handelsware zu sein, die über eine Handvoll Merkmale bewertet wird.

Jiménez gelingt ein langer Ausreißversuch auf einer Bergetappe? Das ist ein Fahrer mit Courage, mit *Panache*. Ocaña stürzt auf einer Abfahrt unglücklich in einer Serpentine? Ein schlechter Abfahrer. Fignon trägt eine Brille? Der Intellektuelle des Pelotons. Poulidor wird häufig von Anquetil besiegt? Damit ist er »der ewige Zweite«. Bei der Tour de France, wie im Sport ganz allgemein, liebt man Kategorien, Etiketten und Verallgemeinerungen.

In gewisser Weise ist es normal, wenn Sportler derart karikiert werden. So geschieht es exponierten, öffentlichen Figuren nun mal. Völlig verdreht wird die Sache aber dann, wenn Sportler, manchmal unbewusst, beginnen, ihr Verhalten dem Etikett anzupassen, das man ihnen verpasst hat – eine teuflische Variante der sich selbst erfüllenden Prophezeiung. Um seinen Ruf der Angriffslust zu behaupten, wird Jiménez immer wieder attackieren müssen. Fignon wird immer den Intellektuellen geben und Ocaña sich mangels Selbstvertrauen in jeder Abfahrt unbeholfen anstellen. Und »Poupou« wird es tatsächlich nie gelingen, einmal das Gelbe Trikot zu tragen. Die öffentliche Meinung sieht sich in ihren vereinfachenden, tendenziösen Zuschreibungen bestätigt.

Letztlich finden alle sich mit einer Maske auf dem Gesicht wieder, die die Wirklichkeit verdeckt, so dass man nie erfahren wird, wo sich hinter der Vortäuschung das Authentische verbirgt.

Um es klarzustellen: Ich akzeptiere das Spiel – den Radrennsport an sich, den Medienrummel drum herum, das Publikum als Teil der großen Party... – unter der Bedingung, dass allen die Regeln bekannt sind. Ich lasse mich gern wie ein Pfingstochse bestaunen, jedoch *im Wissen um die Bedingungen*. Verallgemeinerungen und Klischees mögen ein Körnchen Wahrheit enthalten: Deshalb lehne ich sie nicht komplett ab. Aber sie geben nur einen Bruchteil der Wahrheit wieder, und das sollte man zugeben.

Wenn es über jemanden heißt: »Er *ist* dies oder jenes«, sollte man eingestehen, dass es sich bei solchen Bezeichnungen nur um Floskeln handelt. Dieses »sein«, welches wir dem Betreffenden zuschreiben, ist nur eine sprachliche Vereinfachung. Denn anders als Dinge »ist« der Mensch nicht, er hat »zu sein«. Seine Identität ist immer unscharf, instabil, wechselhaft. Von einem »Sein« kann man ehrlicherweise erst nach dem Tod sprechen. Niemand wird als Radsportler oder Philosoph geboren, oder als Radsportler-Philosoph; man muss es werden.

Unter dieser Vorbedingung kann man gut mit wechselnden Identitäten spielen. Es wird möglich, den Radsportler-Philosophen zu spielen. Es wird möglich, mit den Etikettierungen, Vergegenständlichungen und Klischees zu spielen. Es wird schon etwas dabei herauskommen: eine Wahrheit, eine Fragestellung, ein erhellender Moment, ein Spaß...

Manche Leser werden auf diesen ersten Seiten Gedanken von Sartre oder Simone de Beauvoir wiedererkannt haben. Es wird im ganzen Buch immer wieder um philosophische Fragestellungen gehen. Aber das soll jene Leser, die sich in dieser manchmal obskuren Disziplin nicht auskennen, nicht abschrecken. Wer Sartre für einen Radrennfahrer hält, sollte sich nicht ausgeschlossen fühlen. Trotz des strengen Habitus, mit dem sich die Philosophie manchmal umgibt, ist sie auch eine Form des Spiels.

Genau wie dieses Buch.

KEIN SIEGER GLAUBT AN DEN ZUFALL

Donnerstag, 26. Januar, sieben Uhr dreißig. Die Tour de France beginnt in mehr als sechs Monaten. Der Radrennfahrer wacht auf und ist bereit, das letzte intensive Intervalltraining zu absolvieren, damit er am kommenden Sonntag beim ersten Saisonrennen, dem Großen Preis der zwei Kirchtürme, voll im Saft steht.

Beim Aufstehen kribbelt es ein wenig in den Beinen. Normal, denn gestern hat er hinter dem Motorroller alles für die Tempohärte gegeben. Aber er sollte nicht allzu sehr in sich hineinhorchen: Zunächst muss er trotz Müdigkeit diese letzte Einheit absolvieren und danach kann er es bis zum Saisonauftaktrennen ruhig angehen lassen, in der Hoffnung, dass es mit der Superkompensation wie vorgesehen klappt. Für die Saison ist ein guter Start wichtig. Eine Frage der Dynamik.

Nachdem er sich wegen der Schwindelanfälle vorsichtig aus dem Bett erhoben hat (Radsportler neigen zu geringem Blutdruck), wiegt der Athlet sich (61,2 Kilo, drahtig wie nie), dann untersucht er seine Beine (die Vene tritt schön hervor, ein gutes Zeichen); wie immer öffnet er die Fensterläden, um die Wetteraussichten zu prüfen. *Shit!* Wind, Regen: ein fürchterlicher Sturm. Panisch öffnet er die Wetter-App auf dem Smartphone: Unwetter den ganzen Tag. Das war nicht die gestrige Vorhersage. Sehr zuverlässig…

Fahren oder nicht? Das ist hier die Frage. Sicher wäre es klüger, nicht zu fahren. Bei diesen Windböen ist ein Sturz schnell passiert. Und man sollte auch nicht die Gefahr provozieren, gleich zu Saisonbeginn krank zu werden. Wer derart abgemagert ist, fängt bei Nässe schnell an zu frieren. Eine Erkältung folgt dann auf dem Fuße...

Wie dem auch sei – im Trainingsplan war für dieses Datum ein »intensives Intervalltraining« eingetragen, und unser Radsportler ist stolz darauf, sich immer an seinen Trainingsplan zu halten. Er sagt sich, dass sein Wille seine größte Qualität ist, und dass er, während seine Gegner noch schlafen oder im Warmen auf dem Sofa liegen, trotzdem draußen in Sturm und Kälte trainiert. Das Leiden von heute ist der Erfolg von morgen, sagt er sich!

Ein heftiger Windstoß lässt die Mauern erbeben. Vielleicht ist es am Ende doch klüger, drinnen zu trainieren... Jedenfalls zunächst, vielleicht klart es ja später auf.

Noch vor dem Frühstück improvisiert unser Radsportler auf nüchternen Magen eine kleine lockere Aufwärmrunde von vierzig Minuten auf dem Rollentrainer.

Das Prinzip des Rollentrainers ist einfach. Das Rad ist in eine Maschine eingespannt, bei der eine Walze gegen das Hinterrad drückt, so dass eine Ausfahrt auf Asphalt simuliert wird. Vorteil: Man kann im Warmen bleiben und im Keller trainieren. Nachteil: Mit Aussicht auf ein Garagentor Rad zu fahren, kann schnell langweilig werden... Sehr langweilig sogar.

Um der Frustration entgegenzuwirken, gibt es mehrere Möglichkeiten:

a) Gleichzeitig einen Film sehen, oder besser noch eine Serie, bei der eine Folge genauso lang ist wie die Trainingseinheit, in diesem Fall vierzig Minuten. Problem: Um alles gut sehen zu können, verliert man schon annähernd vierzig Minuten mit der Ausrichtung des Bildschirms... Und wenn der Bildschirm endlich perfekt justiert ist, merkt man, dass das Geräusch der Rolle eh alles übertönt.

Radrennfahrer bevorzugen darum die zweite Lösung:

b) Musik über Ohrstöpsel hören, die den Lärm der Rolle abhalten und mit dem guten alten MP3-Player verbunden sind, den man vorher mit seiner Lieblingsplaylist für das Rollentraining gefüttert hat.

Leider hat unser Radsportler keinen eigenen MP3-Player und schnappt sich darum kurzerhand den seiner kleinen Schwester. Er richtet alles ein und während er so dahinkurbelt, wirft er einen Blick auf die gespeicherten Titel. Welche Enttäuschung, als er bemerkt, dass der Musikgeschmack seiner kleinen Schwester sich nicht mit seinem eigenen deckt. Kate Perry, Matt Pokora, Justin Bieber, Kendji... Das ist doch nicht zu fassen. Der Tag hat schon schlecht genug begonnen. Der Radsportler zieht es vor, sich zu langweilen und still zu leiden.

Und überhaupt, dieser Radsportler ist kein Radsportler wie die anderen – er ist ein Velosoph! Und darum bevorzugt er die letzte Option:

c) Den Radiosender France Culture einschalten! Munter und vergnügt geht er die Sender auf seinem MP3-Player durch: NRJ, nein; Fun Radio, nein; Nostalgie, warum nicht... aber nein. Ah, hier ist France Culture. Es funktioniert! Die Acht-Uhr-Nachrichten gehen gerade zu Ende. Zeit für den politischen Kommentar von Frédéric Says. Heute geht es um den neuen Energieversorgungsplan der Regierung. Folgendes ehrgeizige Projekt wird besprochen: die Selbstversorgung der Bürger mit Strom fördern, zum Beispiel, indem pro Haushalt ein Rollentrainer pro neuem Bildschirm installiert wird. So werden gleich zwei Ziele erreicht, eine neue, kostenlose Energiequelle und eine Maßnahme gegen das Übergewicht. Unser Radsportler fühlt sich angesprochen und denkt an all die Energieverschwendung, während er in die Pedale tritt...

Dann sind die Gäste der »Matins de France Culture« an der Reihe. Der Verkehrsminister wird zu einem Gesetzesentwurf befragt, laut dem auf Strecken unter fünfzehn Kilometern nur emissionsfreie Fahrzeuge genutzt werden dürfen, damit »sanfte« Beförderungsmittel Priorität bekommen – insbesondere das Fahrrad. Der »kleinen Königin«, wie man das Rad in Frankreich gern nennt, wird an diesem Morgen eindeutig die Ehre erwiesen.

Kurzum, die Einheit auf dem Rollentrainer vergeht wie im Flug. Locker und mit flüssigem Tritt bewegt der Radsportler seine Stelzen, während er der warmen Stimme von Guillaume Erner lauscht, dem Moderator der Morgensendung. Und schon sind die vierzig Minuten abgespult.

Die Anstrengung hatte das Hungergefühl betäubt, doch jetzt wird es heftig spürbar. Kaum geduscht und umgezogen, rennt der Velosoph zum Kühlschrank, wo seine Belohnung wartet: die Schale Haferflocken, die er am Vorabend zubereitet hat. Ja, am Vorabend, denn so hat die Sojamilch Zeit, die Flocken aufquellen zu lassen, damit sie nahrhafter werden.

Wussten Sie nicht, dass jeder Radsportler gleichzeitig Ernährungsexperte ist? Schauen Sie sich doch nur unseren Athleten an. Wenn er kleine Kiwistücke unter die Flocken mischt, dann wegen des Vitamin C; wenn er eine halbe Banane (nur eine halbe, denn diese Frucht hat einen hohen Zuckeranteil) hinzufügt, dann wegen der Zufuhr an Mineralien. Sollte er dann noch ein paar Nüsse und Mandeln dazugeben (nicht zu viele – der hohe Fettgehalt), dann ganz klar wegen der Omega-3-Fettsäuren. Danach portioniert er gekonnt die Butter und Marmelade auf seine Reisküchlein. Schließlich verschlingt er das Ganze gierig, während er Ingwer-Zitronen-Tee schlürft (weder Kaffee noch schwarzen Tee, denn die verhindern die Aufnahme von Eisen). Dann wird einige Minuten ausgeruht und in den zwei Zeitungen geblättert, die jeden Morgen bereitliegen: *Le Monde* und *L'Équipe*.

In Erwartung eines Wunders wirft er von Zeit zu Zeit einen hoffnungsvollen Blick zum Fenster hinaus, vielleicht klart der Himmel ja auf. Es muss einen Gott der Radfahrer geben, denn gerade als er den letzten Schluck Tee trinkt, streichelt ein Sonnenstrahl die Wange unseres Athleten. Halleluja! Eine kleine Ausfahrt scheint wieder möglich.

Der Velosoph ruft kurz seinen Trainer an, um zu hören, ob er, angesichts der vierzig Minuten auf der Rolle und des schlechten Wetters, vielleicht das Training verkürzen könne, wo doch die Beine schmerzen… Das Urteil ist eindeutig: »Nein, du erledigst mir genau die vorgesehenen zweieinhalb Stunden. Im Detail: nach dem Aufwärmen zehn Minuten direkt unterhalb der Schwelle mit 330/340 Watt; zehn Minuten Erholung; danach zweimal acht Minuten 30/30 VO_2max, mit sechs Minuten Pause dazwischen. Und du beendest das Ganze mit einem langen Sprint, um den Tank leerzufahren, okay?« – »Okay, Coach, danke Coach, bis bald, Coach.«

Der Velosoph hat sich am Telefon nichts anmerken lassen, aber als er auflegt, hat er doch ein etwas flaues Gefühl. Er weiß es: Heute wird er sich richtig schinden müssen. Die Welt der Radsportler zerfällt in zwei Kategorien: jene, die den Moment, sich aufs Rad zu setzen, möglichst lange hinauszögern, da sie sich in einer Form einstudierter Prokrastination mental auf ihre Einheit (ihr Leiden) vorbereiten; und dann solche, die einfach loslegen.

Unser Radsportler gehört der zweiten Kategorie an. Er gefällt sich in dem Glauben, auf diese Weise die Mentalität eines Kriegers zu beweisen, die Einstellung eines echten Champions, eines Tour-Siegers. Aber in seinem Inneren macht er sich nichts vor: Es zeigt vor allem seinen Respekt vor der Trainingseinheit, diesem schmerzhaften Moment, den er so schnell wie möglich hinter sich bringen möchte – umso mehr, als diese kleine Wetteraufhellung nicht ewig anhalten wird. Außerdem ist es gleich zehn Uhr, Zeit für die Sendung »Die Wege der Philosophie« auf France Culture.

Denn auch das Radio spielt während seiner Trainingsausfahrten eine Rolle, die Rolle des Schmerzmittels. Mit ein wenig Glück wird die Sendung den Velosophen vom programmierten, brennenden Schmerz in seinen Schenkeln ablenken, vom brutalen Druck auf seinem Brustkorb.

Unser Radsportler zieht sich so schnell wie möglich eine neue Radhose an, diesmal eine lange. Oben herum streift er nacheinander ein langärmeliges Unterhemd, eine Zwischenjacke, eine dünne Regenjacke und eine ärmellose Weste über. In seiner Rückentasche verstaut er – für alle Fälle – noch eine wasserdichte K-Way-Jacke, falls der Regen sich verdoppelt. Mist, jetzt hat er doch glatt den Pulsgurt vergessen… Also alles in umgekehrter Reihenfolge ausziehen und dann wieder von vorn. Helm, Handschuhe, Schuhe und Überschuhe (die Extremitäten sind die schwachen Punkte des Radsportlers): Jetzt stimmt alles. Multitool, Flickzeug, Handy und vor allem der schöne MP3-Player der kleinen Schwester: Der Radsportler ist endlich bereit, er kann sein Gefährt zwischen die Beine nehmen und mit dem Training loslegen. Die Straße ist noch nass, aber es regnet nicht mehr.

ÜBER DIE INTELLIGENZ DES KÖRPERS

»Warum sind Fußballer so dumm? Weil sie die ganze Zeit hinter einem Ball herrennen, ohne sich zu fragen, warum sie dem Ball hinterherrennen.«

COLUCHE

Muss man denn immer denken? Als könne sich der Körper nicht selbst genügen. Als könnte der stets überlegene Geist sich langweilen, während der Körper sich verausgabt…

Es kommt vor, dass ich auf dem Rad an gar nichts denke. Oder Radio höre, ohne zuzuhören. Manchmal entfliehen mir während des Trainings die Gedanken. Ich schweife ab. Eine Viertelstunde lang bin ich in einem Zustand des Halbbewussten, eine halbe, eine ganze Stunde. Und dann »erwache« ich plötzlich und mir wird klar, dass ich dreißig Kilometer weitergefahren bin. Ich bin der geplanten Strecke gefolgt. Ich war im normalen Tempo unterwegs. Ich habe mich an die Verkehrsvorschriften gehalten. Ich habe genauso gehandelt, als wäre ich bei Bewusstsein. Aber ich war es nicht. Der Körper hat mich abgelöst.

Man hört gelegentlich vom »Runner's High«, der Ekstase des Langstreckenläufers, diesem einzigartigen Zustand, wenn Rhythmus und Ermüdung den Läufer gleichzeitig ruhig und euphorisch werden lassen. Dank der vom Sport freigesetzten Endorphine tritt dann eine trunkene Selbstvergessenheit ein, die den Läufer »desindividuiert«. Der Schmerz ist anwesend, aber ihm wird eigentlich keine Beachtung geschenkt, weil der Läufer völlig in seiner jetzigen Verausgabung versunken ist.

Was ich auf dem Rad erlebe, gleicht diesem Zustand sehr. Es ist eine Art Ekstase des Radfahrers, die unvermittelt auftritt und mich aus mir selbst herausbefördert – oder vielmehr aus meinem Verstand heraus. Die Ekstase des Ausdauersportlers ist eine Rückkehr zum Körper und zur Gegenwart. Nietzsche nannte es die dionysische Erfahrung der Ewigen Wiederkunft, die eine große Bejahung des Lebens voraussetzt und bei der alle existenziellen Erfahrungen, Freud und Schmerz inbegriffen, sich unendlich oft wiederholen. Ich würde sagen, es ist zumindest Beweis dafür, dass der Körper den Verstand nicht braucht, um sich fortzubewegen.

Zurück zu Coluche: Ich glaube, er liegt nicht ganz falsch, wenn er sich über Sportler lustig macht, die so dumm sind, sich nie die Frage nach dem Grund ihres Tuns zu stellen. Es stimmt schon: Körperliche Tätigkeit spornt nicht zur Reflexion an, zum

Nachdenken, wie es in der Schule gelehrt wird. Aber ist das etwas Schlechtes? Es gibt andere Formen der Intelligenz, insbesondere eine Intelligenz des Körpers, die der Sportler tagtäglich erlebt.

Körperliches Training wirkt auf das große Publikum oft als ein Beweis von Stumpfsinn, wenn nicht gar von Debilität. Tatsächlich gestehe ich, dass der Scharfsinn von Rocky, alias Sylvester Stallone, nicht unmittelbar erkennbar ist, wenn man dem Boxer zusieht, wie er ständig Treppen rauf- und runterläuft, ohne eigentlich zu wissen warum! Gleiches gilt für Mittelstreckenläufer, die Runde um Runde auf der Stadionlaufbahn drehen, oder Schwimmer, die, wie ein Hamster im Käfig, Bahn um Bahn ziehen. Sicher liegt darin etwas Animalisches oder sogar Bestialisches. Aber ist das Bestialische etwa ein zwingender Beweis von Dummheit? Auch wenn das Training von Athleten sehr primitiv wirken kann, ist es in Wirklichkeit von wahrhaftiger Weisheit getragen.

DANN TRET' ICH INS PEDAL

Die ersten Pedalumdrehungen, die ersten Meter auf der Straße. Schnell das Gerät einschalten, die Lautstärke regeln... Ah, Adèle van Reeth, die wundervolle Moderatorin der »Chemins«! Die Sendung hat gerade begonnen. Heute auf dem Programm: die Einheit von Körper und Geist in der Philosophie von Descartes. Immer noch aktuell. Der Velosoph kurbelt ruhig vor sich hin, um sich aufzuwärmen, kaum schneller als bei der frühen

Indoor-Einheit auf nüchternen Magen. Unterdessen moderiert Adèle das Thema an:

»Descartes' *Meditationen* über Metaphysik werden oft als Paradebeispiel cartesianischen Dualismus präsentiert. ›Meditation‹, ›Metaphysik‹, allein die Begriffe deuten bereits darauf hin, dass Körper, Materie und Raum zugunsten des Geistes verbannt sind. Dennoch versucht die sechste Meditation im Gegensatz zu den fünf ersten, der Frage nach einer *Vereinigung* von Körper und Geist nachzugehen, einem Thema, das uns heute immer noch interessiert. Betrachtet Descartes nun Körper und Geist als Einheit oder nicht? Mit diesem Thema befasst sich unser heutiger Gast, Charles de Saint-Taxière, Seminarleiter an der Universität Sorbonne-Nouvelle, Dozent am Collège de France, ständiges Mitglied im Institut für Forschung auf der Suche nach Erkenntnis und zudem Autor von *Descartes, Res, Mens, Corpore et tutti quanti*, erschienen bei Éditions Pouf. Aber bevor wir in unsere Diskussion einsteigen, hören wir noch einmal Billie Holiday mit ›Body and Soul‹.«

Der Radsportler vernimmt Billie Holidays kehlige Stimme. Das Wetter hält. Das Gefühl stimmt. Der Fahrer fühlt sich von der Sendung motiviert und hat beinahe die harten Intervalle vergessen, die ihn erwarten. Das Lied endet und die Stimme von Charles de Saint-Taxière weckt ihn – er schaut auf sein Display. Das Aufwärmen ist schon vorüber, ein langer Anstieg steht ihm bevor, die Gelegenheit, um mit der ersten Übung zu beginnen: zehn Minuten direkt unterhalb der anaeroben Schwelle.

Zu Beginn kann der Radsportler noch den Erläuterungen des Professors folgen, der erklärt, dass Descartes' Unterscheidung von Körper und Geist lediglich dazu diene, deren Einheit zu beweisen, und dass die Metaphysik in Wirklichkeit nur ein Umweg zu konkreten, »zeitgemäßeren« wissenschaftlichen Studien sei. Nach ungefähr fünf Minuten wird die Strapaze immer unerträglicher. So ist es beim Radfahren: Bei konstanter Leistung wächst der Schwierigkeitsgrad mit der Dauer und der physischen Ermüdung. Die Ausführungen des Hochschullehrers werden immer unverständlicher. Oder ist es der Kopf des Radsportlers, der sich vernebelt? De Saint-Taxière widmet sich nun dem Unterschied von Vorstellungskraft und Verstehen. Na los, nur noch drei Minuten, noch drei Minuten…

Ein Auszug aus den *Meditationen* wird vorgelesen, der den Unterschied verdeutlichen soll:

»Wenn ich zum Beispiel ein Dreieck mir vorstelle, so sehe ich nicht bloß ein, dass es eine von drei Linien eingeschlossene Figur ist, sondern ich schaue zugleich jene drei Linien wie dem geistigen Blick gegenwärtig, und dies ist das, was ich bildlich vorstellen nenne. Wenn ich aber an ein Tausendeck denken will, so sehe ich zwar ebenso gut ein, dass es eine Figur ist, die aus tausend Seiten besteht, wie ich von dem Dreieck einsehe, dass es eine Figur ist, die aus drei Seiten besteht; aber ich kann mir nicht in gleicher Weise diese tausend Seiten bildlich vorstellen oder sie als gegenwärtig anschauen.«

So sehr der Velosoph auch Velosoph ist, verstanden hat er nun gar nichts. Zu Beginn der Abfahrt blickt er ins Leere, begnügt sich einfach damit, die vorgegebene Übung absolviert zu haben. Und sowieso hört man in der Abfahrt wegen des mit der Geschwindigkeit zunehmenden Fahrtwindes nichts mehr.

Nach einigen Minuten ist der Fahrer im Flachen angelangt und wieder bei klarem Verstand. Allmählich beginnt er, die Fragestellung zu verstehen. Adèle van Reeth fragt ihren Gesprächspartner mit gespielter Harmlosigkeit: »Wäre dann diese Unterscheidung zwischen Vorstellungskraft und Verstehen nicht der Beweis einer anderen Wirklichkeit als der des Geistes?«

Da der Velosoph diese Unterscheidung nicht ganz versteht, kann er dem Zusammenhang nicht mehr folgen… Und gerade als er wieder Anschluss an den roten Faden des Gesprächs findet, stellt er fest, dass die zehn Minuten Erholungszeit gleich wieder vorüber sind und es Zeit für die nächste Übung wird: acht Minuten lang 30/30-Intervalle!

Das 30/30-Prinzip ist denkbar einfach. Dreißig Sekunden beinahe Vollgas, dreißig Sekunden Erholung. Meistens über besagte acht Minuten Dauer. Das alles aber bitte zweimal. Ganz schön hart. Umso härter, als es nun auch noch zu regnen anfängt. Charles de Saint-Taxière beginnt, unseren Velosophen ernsthaft zu nerven.

Letzterer hat allmählich das Gefühl, der Professor mache sich über ihn lustig, als er in gelehrtem Ton verkündet: »Wiewohl der Schmerz eine geistige Angelegenheit ist, liefert er mir nichtsdestoweniger den Beweis, dass ich einen Körper besitze.« Ach, wirklich – wer hätte das gedacht?! Der Radsportler, den körperliches Leiden immer leicht reizbar macht, wird richtiggehend sauer, als er sich dann auch noch folgende, unwiderlegbare Aussage anhören muss: »Ebenso wie gilt: ›Ich denke, also bin ich‹, gilt auch: ›Ich fühle, dass ich fühle, also fühle ich.‹«

Der Velosoph fühlt vor allem Wut in sich aufsteigen. Doch immerhin ist diese Aufregung nicht zwecklos: Der Radsportler überträgt seine Gereiztheit auf die Pedale, was ihm dabei hilft, die intensive Belastung zu bewältigen, die sein Trainer ihm aufgetragen hat.

Die zweite Intervallsequenz macht ihm allerdings Sorgen, denn er fühlt sich schon recht leer. Zudem haben Regen und Wind ihre Stärke verdoppelt, was nicht unbedingt hilfreich ist. Es bleibt gerade genug Zeit zur Regeneration, um »King of Pain« von The Police zu hören – und schon geht's wieder ran. Die drei ersten Dreißig-Sekunden-Intervalle, im Wiegetritt auf den Pedalen tänzelnd, laufen recht gut. Doch in der Erholungsphase nach dem dritten Intervall überfällt den Radsportler große Erschöpfung, während gleichzeitig ein regelrechter Sturm losbricht. In genau diesem Moment beginnt Charles, von den zwei Ichs zu sprechen. »Das Ich ist in der Tat ein Ich auf zwei Etagen, oben sitzt das *Cogito*-Ich, das Ich des Zweifels (*›Das bin ich in meiner Erholungsphase, der sich fragt, ob er die nächste Sequenz noch schafft«, denkt sich der Velosoph…)*, und dann ist da noch das wahre Ich *(›So, die dreißig Sekunden Erholung sind vorbei, es geht wieder los.‹)* – das fühlende, leidende Ich, der wirkliche Mensch.«

Nach dem vierten Durchgang hört der Radsportler nicht mehr wirklich Radio. Er vernimmt vielleicht die Stimmen, hört aber nicht mehr zu. Natürlich stören der heftige Regen und der stürmische Wind den Empfang. Dazu kommt das Knarzen des Fahrrads, dieser Foltermaschine, die sich unter den schweren Pedaltritten des Athleten windet. Vor allem ist da aber die körperliche Aktivität, die Verausgabung, eine so heftige Anstrengung, dass man von ihr trunken und beinahe besinnungslos wird.

Der Velosoph glaubt zu verstehen, dass es um den Geist geht, der den Körper befehlige wie ein Steuermann, der sein

Schiff über ein einfaches Armaturenbrett auf Kurs hält. Das ergibt für ihn nicht den geringsten Sinn. Er hat jedes Denkvermögen verloren. Er weiß nicht mehr, wer was behauptet, wer gerade fragt oder antwortet. Er hört nur noch zusammenhanglose Worte, nur leere Geräusche.

Geräusche, die den Radfahrer in seiner Anstrengung begleiten. Während er sich wie ein armer Teufel auf dem Rad quält, singen sie ihm ein Wiegenlied. Bei seinem achten und letzten Intervall ist er im Ausnahmezustand: Er sieht nur noch unklar, seine Umgebung verdunkelt sich, überall kribbelt es in seinem Körper und da ist das unschöne Gefühl, sich gleich übergeben zu müssen. Ihm ist speiübel.

Bestimmt ist er nach dem Frühstück zu früh aufs Rad gestiegen. Klassische Unterzuckerungsreaktion. Anfängerfehler. Und das alles nur, um sich eine Radiosendung anzuhören, die er nun kaum wahrnimmt und noch weniger versteht! Es bleibt noch ein langer Sprint, um »den Tank leerzufahren«. Aber sein Tank ist eigentlich schon mehr als leer... Auf dem Papier war dieser letzte Sprint die einfachste Übung. Aber in diesem Zustand ist es für den Radsportler schon schwer genug, überhaupt Luft zu kriegen. Jetzt noch auf Teufel komm raus in die Pedale treten?

Er gehört allerdings nicht zu den Fahrern, die eine Einheit vorzeitig abbrechen. Wenn sein Trainer ihm ein Programm vorgibt, dann wird das auch ausgeführt, egal wie. Er schluckt ein Energy-Gel und konzentriert sich zwei, drei Minuten, um ein Maximum an Energie zu sammeln, damit ein halbwegs ordentlicher Sprint herauskommt. Flüchtig bekommt er noch mit, wie Adèle van Reeth einen Text vorliest, in dem Descartes den

Menschen mit einer Uhr vergleicht. Da muss er lächeln. Bei einem Hungerast fängt man eh schnell an zu lachen. Als er das Wort »hydropisch« hört, platzt es aus ihm heraus, denn er weiß absolut nicht, was es bedeuten soll.

Und während er sich vor Lachen schüttelt, beginnt er den Sprint inmitten der Rinnsale auf dem Asphalt. Mit aller Kraft tritt er an, so schnell er kann, stärker als der Regen. Von außen betrachtet wirkt dieser Sprint geradezu lächerlich. Doch unser Velosoph fühlt sich in diesem Augenblick eigenartig stark; er fühlt sich wie eine Maschine, die gleich explodiert. Allerdings schwankt er so stark auf seinem Rad hin und her, dass der MP3-Player hinten in seiner Trikottasche die Verbindung kappt. Der Radsportler hört nur noch ein unangenehmes Rauschen in den Ohren. Das macht ihm nichts mehr aus, er kann darüber nur lachen. Die letzten Worte, die noch zu ihm durchdringen, lauten: »... ich bin eins mit meinem Körper.«

Er ist im Zustand völliger Ekstase, der Ekstase der körperlichen Verausgabung. Sein Genuss an diesem Moment des Glücks hat etwas Masochistisches, er pedaliert noch eine knappe Stunde vor sich hin, ohne zu bemerken, wie die Zeit vergeht und der Sturm an Heftigkeit zunimmt. In dieser Stunde schweift sein Geist ab, begleitet vom Rauschen des Radios, das er nicht mehr wahrnimmt.

Beim Ausrollen sagt sich der Velosoph, dass es nicht leicht ist, zu philosophieren, wenn der Körper schmerzt, die Schenkel brennen und die Luft knapp wird. Die Vernunft schweigt, wenn der Hunger sich meldet oder einen die Dehydrierung packt (unterdessen fällt ihm die Bedeutung des Wortes »hydropisch«

ein – jemand, der ständig Durst hat –, und da muss er wieder lachen). Schreiben wird zur Herausforderung, wenn man friert, Lesen eine Anstrengung, wenn die Müdigkeit einen erschlägt.

Immer noch locker in die Pedale tretend, stellt der Radsportler fest, wie schwach und lächerlich der Geist doch gegenüber den natürlichen Bedürfnissen des Körpers ist. Ist das ein Problem? Muss man mit allen Mitteln diese sperrige Materie zähmen, die das eigentliche Ich – den Geist – daran hindert, Flügel zu bekommen? »Ich bin eins mit meinem Körper« – das ist es, was der Athlet erlebt. Vor allem macht er die Erfahrung, dass der wirkliche Mensch zunächst ein Körper ist, ein Körper, der auf seine eigene Weise denkt, während er sich verausgabt – ein lebendiger Körper...

Doch wer ist eigentlich dieser Velosoph?

VERKÖRPERUNG

»Aber der Erwachte, der Wissende sagt: ›Leib bin ich ganz und gar und nichts außerdem, und Seele ist nur ein Wort für ein Etwas am Leibe.‹ Der Leib ist eine große Vernunft.«

NIETZSCHE

Ein Sportler besitzt zwei Formen von Intelligenz. Zunächst eine *theoretische* Intelligenz, die man Überlegung nennen kann. Sie bezeichnet das gesamte Wissen, das zur guten Ausübung seiner sportlichen Aktivität erforderlich ist: Regelkunde, Analyse der Gegner, taktische Kenntnisse, et cetera.

Daneben beweist er eine andere Form der Intelligenz, die nicht so klar umrissen ist, aber dafür umso wichtiger: eine *praktische* Intelligenz. Im Gegensatz zur theoretischen Intelligenz ist diese weitgehend unbewusst. Es handelt sich um die instinktiven Talente, über die ein Radrennfahrer verfügt, um auf eine gegebene Situation zu reagieren. Wollten wir eine Parallele zur Philosophie ziehen, dann würde die praktische Intelligenz des Athleten der Intuition entsprechen, mit er ein Philosoph ein Problem angeht, während die theoretische Intelligenz dessen diskursives Wissen wäre, das zum Verständnis eines gegebenen Problems nötig ist.

Nun muss man Folgendes wissen: Genau wie ein Philosoph allmählich seine geistige Spannkraft verliert, wenn er nichts mehr liest, muss ein Wettkampfsportler die beiden Intelligenzformen, über die er verfügt, ständig ausbilden. Das ist der Zweck des Trainings.

Was theoretische Intelligenz angeht, liegt der Fall recht einfach: Es reicht, die Änderungen des Regelwerks zu studieren, den Gegner zu analysieren und über Möglichkeiten nachzudenken, ihm den Weg zu versperren. Im Allgemeinen ist es Aufgabe des Trainers oder Teamchefs, diese Punkte auszuarbeiten und eine Zusammenfassung der Erkenntnisse zu präsentieren – beispielsweise in Form eines Videos. Um diese neuen Informationen aufzunehmen, braucht der Radsportler nur seinen *Geist*.

Was dagegen die praktische Intelligenz angeht, richten sich die Anweisungen des Trainers immer an den *Körper* des Sportlers, der diese umsetzen muss. Im Training geht es dann darum, die immer gleichen Bewegungsabläufe zu wiederholen, um sich einer nahezu göttlichen Körperbeherrschung anzunähern, die in der Fähigkeit mündet, auf jede Situation sofort und immer angemessen zu reagieren. Anders gesagt arbeitet der Sportler im Training daran, sich gewisse Bewegungsabläufe förmlich einzuverleiben, damit sie gleichsam automatisch und instinktiv werden. Betrachten Sie einmal einen Schwimmer: Wenn er Bahn um Bahn zieht, tut er das natürlich nicht, um einen Hamster nachzuahmen, sondern um tatsächlich Fisch zu werden, damit der menschliche Körper zu einem Körper des Wassers werde. Genauso hat auf dem Fahrrad die Anhäufung von Trainingsstunden im Sattel nicht allein zum Ziel, die physiologischen Grundlagen zu entwickeln, sondern will darüber hinaus den Pedaltritt effizienter machen, die Ausführung flüssiger werden lassen, mit einem Wort: dazu führen, dass der Athlet sich die radsportspezifischen Bewegungen völlig *aneignet*. Gleiches gilt für die aktuell sehr beliebten Propriozeptionsübungen, die ebenfalls mit dem Ziel völliger Aneignung erfolgen: Indem beispielsweise durch Gleichgewichtsübungen die Wahrnehmung des sensomotorischen Systems von Muskeln und Gelenken geschärft wird, verbessert der Sportler die Reflexreaktionen seines Körpers, was sich in kritischen Situationen wie beispielsweise einem Sturz als äußerst wertvoll erweisen kann.

Im Widerspruch zu dem, was Coluche sagte, entwickelt der Sportler mit seiner Aktivität sehr wohl eine Form von Intelligenz. Den Comedian trifft jedoch keine Schuld, denn es stimmt, dass diese Intelligenz nicht so leicht zu erkennen ist, zumal Training genau das Ziel verfolgt, sie zu verbergen. Training, also die Aneignung eines bestimmten Bewegungsablaufs, soll diesen völlig selbstverständlich erscheinen lassen, so selbstverständlich, dass er natürlich wirkt, obwohl er das Ergebnis jahrelanger, wenn nicht gar jahrzehntelanger täglicher Arbeit ist.

Eine sportliche Bewegung wirkt am Ende so natürlich, dass ihre animalische Anmutung beim herablassenden Publikum häufig Sarkasmus und Hohn hervorruft. Doch manchmal kann die Reinheit der Bewegung dermaßen vollendet sein, dass diese Offenbarung angewandter Intelligenz das Publikum geradezu blendet. Solche Fälle sind selten und außergewöhnlich. Sie sind das Werk der *Genies* ihres Sport, der Champions.

Letztere zeichnen sich durch ihre Fähigkeit aus, die Essenz ihres Sports zu verkörpern. Während die Masse der Athleten, die Arbeiter des Sports, sich fleißig abmühen, lassen die Champions als schöpferische Wesen alles ganz selbstverständlich, ja, von geradezu göttlicher Einfachheit erscheinen. So wie Maradona, der zwischen Verteidigern Slalom läuft. So wie Bolt, der im olympischen Einhundert-Meter-Finale zu bummeln scheint. So wie Anquetil, der seine Pedale selbst bei maximalem Krafteinsatz streichelt...

All diese Champions beweisen in ihrer Disziplin eine derartige Leichtigkeit, eine solche Entspanntheit, dass sie ihren Sport einfach *erscheinen* lassen – und man geradezu glauben möchte, hier sei allein Talent am Werk. Dabei hat Anquetil wer weiß wie viele Kilometer hinter dem Derny abgespult, um einen so runden, flüssigen Tritt zu bekommen. Wie viele Bälle hat der junge Diego in der Luft halten müssen, um »El Pibe de

Oro« genannt zu werden? Und wäre aus Bolt jemals »King« Usain geworden, hätte er sich auf seinen natürlichen Voraussetzungen ausgeruht?

Hinter jedem Champion verbirgt sich ein Leben voller Arbeit. Der perfekte Körper ist einem nicht gegeben; er ist über die Jahre durch methodisches und geplantes Training aufgebaut worden. Damit kein Zweifel aufkommt: Der Zuschauer bewundert nicht Mutter Natur, wenn ihn eine außergewöhnliche sportliche Leistung begeistert; er bewundert die praktische Intelligenz, die eingesetzt wird, um dieses Ergebnis zu erreichen. Was ihn blendet, ist die Intelligenz des Körpers, deren vollendeter Ausdruck der Champion ist.

Dann nämlich wird aus Sport Kunst. Die körperliche Aktivität wird eine ästhetische Leistung. Wird der Boxsport nicht auch als »noble Kunst« bezeichnet? Wenn Champions sich im Ring gegenüberstehen, dann ist diese Bezeichnung nicht fehl am Platze... Zwei gewöhnliche Boxer im zähen Schlagabtausch liefern sich nur einen Kampf, sonst nichts. Auch hinter ihrer Begegnung steht Arbeit und physische Intelligenz. Aber genau diese Arbeit wird allzu deutlich, die Bewegungen wirken bemüht. Intelligenz wird hier nicht sichtbar, nur rohe Kraft. Wenn hingegen Joe Frazier und Muhammad Ali aufeinandertreffen, ist es ein Ballett. Gewalt und Leiden sind keineswegs abhanden gekommen, doch werden sie sublimiert und glorifiziert. Der Zuschauer ist von der Wucht der Schläge mitgerissen, von der Flüssigkeit der Bewegungen und der so unglaublich einstudierten Intelligenz, die diese Körper offenbaren, wenn sie sich gegenseitig niederschlagen wollen.

Um es klar und deutlich zu sagen: Im Champion wohnt das Genie des Künstlers. In Ali steckt etwas von da Vinci. Mit dem Unterschied, dass Kunst für da Vinci eine *Cosa mentale* ist, eine Sache des Geistes, während das Genie der Athleten eine tatsächlich körperliche Angelegenheit ist, weil sie auf einem physiologischen Selbsterziehungssystem beruht.

Und da liegt übrigens das ganze Problem: In den Augen des Publikums erlangt der Sport nicht die Würde der Kunst, weil er eine physische Tätigkeit ist, etwas zutiefst Körperliches. Glaubenslehrer und Philosophen haben uns seit Jahrhunderten eingebläut, dass Körper und Geist streng voneinander getrennte Dinge sind, zwei »Substanzen«, deren Natur grundverschieden ist. Die eine – der Körper – sei verderblich und schlecht, während die andere – der Geist oder die Seele – überlegen und unsterblich sei. Auch wenn der Siegeszug des modernen Sports in unserer Zeit den Körper in gewisser Weise aufgewertet hat, wird dieser weiterhin als eine komplexe Maschine gesehen, die nichts ohne ihren Steuermann, die Seele, wäre.

Eine Spaltung von Körper und Geist besteht bis in die Stadien fort, wo die Zuschauer sich als reine, rationale Geisteswesen häufig den Sportlern überlegen fühlen, die den Nachteil besitzen, *nur* Körper zu sein. Natürlich werden Champions bewundert und verehrt, ja, sogar vergöttert; aber dies geschieht, ohne dass es dem Selbstwertgefühl des Fans schadet, weil dieser den Sportler letztendlich nur als bewegten Gegenstand wahrnimmt, als eine Sache.

In Wahrheit aber sind Wettkämpfer und Zuschauer natürlich keineswegs Angehörige verschiedener Spezies. Der allzu oft verdinglichte Athlet verdient einen ehrenhafteren Status:

Er ist ein Darsteller seines Sports, ein Künstler des eigenen Körpers.

SEINE EIGENE STATUE FORMEN

Der Alltag eines Radprofis besteht nicht nur aus Training und Rennen. Die strikte Beachtung einer gesunden Lebensführung – Ernährung, Dehnübungen, Schlaf – ist ebenso Teil des Metiers wie der Umgang mit Medien und Publikum.

In diesem letzten Punkt ist Platon ehrlich gesagt etwas unerfahren. Sobald seine Teilnahme an der kommenden Tour bekannt geworden war, sah er sich neuen Aufgaben gegenüber. Hatte man ihn sonst vor den Rennen völlig ignoriert, gibt es auf einmal Autogrammwünsche. Menschen jubeln ihm während des Trainings zu, stoppen ihn sogar für ein Foto. Er ertrinkt geradezu in Nachrichten, die ihn über die sozialen Medien erreichen – Anfeuerungen, Glückwünsche, sogar Ratschläge zum Material. Es werden Lobgesänge über ihn verfasst. Von heute auf morgen betrachtet man ihn mit anderen Augen. Genauer gesagt: Man hat angefangen, ihn wahrzunehmen. Aus dem jungen griechischen Radrennfahrer ist jemand geworden, den man kennt.

Platon, der es jedem recht machen will, bemüht sich, alle Wünsche zu erfüllen und allen Fans zu antworten (denn ist nicht der Dialog in seinen Augen das Wichtigste?). Gleichzeitig aber braucht er Erholungszeit, und das Training darf nicht zu kurz kommen. Platon muss sich erst an die aufkommende Vereinnahmung durch die Medien und ihre Folgen gewöhnen. Er muss seinen Tagesablauf anpassen, muss damit zurechtkommen, mit den seltsamsten Nachrichten konfrontiert zu werden. Nehmen Sie nur einmal den folgenden Austausch im sozialen Netzwerk *Morphaïbiblion*, wörtlich übersetzt »das Gesicht des Buches« (in der englischsprachigen Welt und darüber hinaus besser bekannt als *Facebook*):

Plotin, Mittwoch, 15. März, 22:38 Uhr

Platon,

deine Karriere, die ich seit deinen Anfängen im Radsport verfolge, bewundere ich sehr und dies noch mehr, seit eure Teilnahme an der nächsten Tour de France bekanntgegeben wurde. Was für eine Freude muss es sein, an einer so großartigen Veranstaltung teilzunehmen!!! Umso mehr, als du ja noch jung bist. Du hast eine lange und schöne Karriere vor dir. Heute magst du noch ein erstklassiger Teamhelfer sein, aber ich zweifle keinen Augenblick, dass du schon bald der unumstrittene Kapitän der Mannschaft sein wirst und dem griechischen Radsport seine größten Momente schenkst. :)

Was mich an dir am meisten beeindruckt, sind jedoch nicht deine außerordentlichen physischen Fähigkeiten. Was dich meiner Meinung nach wirklich aus der Masse herausstechen lässt, was dich geradezu genial macht, ist deine Fähigkeit, dein Geistesleben in einer perfekten Symbiose mit der sportlichen Praxis zu verbinden. Vor allen anderen hast du begriffen, dass dein Körper für sich gesehen nur »ein Grab der Seele« ist. Wenn du so stark bist – und Zeus weiß, dass du es bist –, dann, weil sich dein Körper vollkommen von deinem Geist leiten lässt.

Niedrige körperliche Begierden, Emotionen und Gefühle – sie alle erhalten erst einen Sinn, wenn der Geist sie beherrscht. Erst wenn alles wohlgeordnet und das Gleichgewicht einmal gefunden ist, kann der Geist sich ungehindert dem Denken widmen. Gute Zäune machen gute Nachbarn! ;)

Verzeih mir diese kümmerlichen Sinnsprüche. In dir finde ich nur allzu schöne Inspiration... So sehr, dass ich beschlossen habe, deinem Beispiel zu folgen und mich ebenfalls in den Radsport zu stürzen, nachdem ich vor einigen Wochen im Fernsehen eure großartige kollektive Leistung bei der Oman-Rundfahrt bewundert habe! Ich habe mir umgehend mein erstes Rennrad gekauft und seitdem »forme ich meine eigene Statue«, hier bei mir in Ägypten, um für die Tour im Juli auf eurem Niveau zu sein. Was hältst du von einer ägyptisch-griechischen Allianz? »Die griechische Mannschaft findet Nachahmer, ein neuer Philosoph schließt sich dem Team an«: Gib zu, das hätte doch einen gewissen Reiz! Natürlich hinke ich körperlich noch etwas hinterher... Aber das ist nicht weiter schlimm. Wichtig ist doch allein der Kopf! Und in dem Punkt bin ich ein Tier, kein armer Tropf! (Verzeih mir bitte diesen dummen Spruch...)

LG
Plotin, #Velosoph, #FanvonPlaton

Plotin, Donnerstag, 16. März, 23:49 Uhr

Platon,

entschuldige bitte, wenn ich dich ein weiteres Mal störe, aber ich wundere mich, weil du noch nicht geantwortet hast, und befürchte ein Missverständnis wegen des Ausdrucks »seine eigene Statue formen«. Sei beruhigt, das war nur so eine Redensart. In Wahrheit weiß ich natürlich, dass der Körper nichts von einem Kunstwerk hat. Der Sportler sollte sich nicht wie diese blöden Faustkämpfer und Bodybuilder zum Ziel setzen, sich durch Training körperlich zu verwandeln.

Selbstverständlich ist die Seele die Statue, die es zu gestalten gilt. Körperliche Verausgabung ist nur ein Mittel, ihr die nötige Muße zu verschaffen, damit sie Schritt für Schritt zu ihrem Ursprung zurückkehre, der Intelligenz, die ja wiederum selbst von der ersten der Hypostasen ausgeht, dem Einen, d. h. dem Guten. Trainieren heißt also, mit der Reinigung seiner eigenen Seele zu beginnen, indem man den Körper zum Schweigen bringt. Die Seele soll sich schließlich vom Körper lösen und ihm seine eigentliche Aufgabe zuweisen, damit sie sich buchstäblich *ekstasiere*, um durch innerliche Steigerung schließlich das Göttliche schauen zu können, dem sie entsprang. Derart »poliert und geschliffen« erscheint dann die Seele in ihrer ungetrübten Essenz, ihrer strahlenden, unverfälschten Tugend.

Doch all das ist ja offensichtlich; und du hast es natürlich längst verstanden, denn ich habe diese Gedanken, deren lebendes Beispiel du bist, von dir übernommen.

Ich hoffe, du findest bei Gelegenheit Zeit, mir zu antworten.

Kiss, <3

Plotin, #AutorderEnneaden, #SymbolfigurdesÜbergangsvonderantikenzurjüdischchristlichenWelt

Platon, Montag, 20. März, 8:18 Uhr

Hallo Plotin,

erst mal vielen Dank für deine Nachrichten. Bitte entschuldige, dass ich dir nicht früher geantwortet habe. Mein Kalender ist derzeit recht voll...

Ich habe mir jedoch Zeit genommen, mich mit deinem Konzept des Trainings zu befassen, und muss dir sagen... kapiert habe ich so gut wie nichts! Was soll diese Geschichte von dem Einen und der Hypostase, der Reinigung und der Ekstase oder was auch immer? Du hebst ab, Kleiner!

Du schreibst, dass du dir ein Vorbild an mir nimmst, aber vergiss nicht, dass in meiner Idealstadt die Gymnastik integraler Bestandteil der Erziehung junger Bürger ist! Und wenn der Körper denn ein Gefängnis ist, dann eines, das man durchlaufen muss, um das Universum der Erkenntnis zu erreichen. Das Wahrnehmbare ist Teil der Erkenntnis... Trainieren heißt also nicht, dem Körper Schweigen aufzuerlegen, um die Seele zu befreien; es bedeutet vielmehr, den Körper zu befreien, damit er uns zu den intelligiblen Formen führen kann, zu Ideen, die über den Verstand erfassbar sind. Du begreifst den kleinen Unterschied? Diese Statue ist sowohl physischer als auch geistiger Natur und es ist ihre Gesamtheit, die vom Training geformt wird – was du übrigens ein wenig häufiger machen solltest, wenn du meinen Rat willst. Nun denn, wo ich gerade vom Training spreche: Ich muss los, habe heute ein Sechs-Stunden-Programm vor mir.

Sportliche Grüße
Platon, #hastnichtallesverstanden

Plotin, Montag, 20. März, 8:19 Uhr

Okay… Danke dir für die Erläuterung… Kannst du mir vielleicht trotzdem eins deiner Trikots schenken?

Diese Antwort liest Platon, als er nach sechs Stunden auf dem Rad nach Hause kommt. Und er fragt sich: Kommunizieren und Dialoge führen – auch wenn das Gegenüber sich als Philosoph ausgibt –, sollte das am Ende etwa schwieriger sein, als einfach in die Pedale zu treten?

EINE KURZE GESCHICHTE DES SPORTS

»Gibt es in diesem Leben größeren Reichtum, als sich geschickt seiner Arme und Beine bedienen zu können?«
HOMER

Damit Körper und Geist keine Gegensätze mehr darstellen, damit zwischen Zuschauern und Akteuren eine echte Verbindung besteht, damit unsere Vorstellung vom Sportler und vom Menschen im Allgemeinen nicht mehr fragmentiert ist, muss man in der Zeit zurückgehen und sich als Beispiel eine Epoche suchen, in der der Mensch ein Ganzes war, in der Körper und Geist ein und dieselbe Sache waren. Eine Zeit, in der man überzeugt war, dass – wie Nietzsche sagen würde – »der Leib denkt«.

Diese Zeit liegt in den Anfängen des Sports, bei den ersten Spielen im antiken Griechenland, bei Wettkämpfen, die vermutlich um das Jahr 776 v. Chr. in Olympia begründet wurden. Mehr als die mentalen Qualitäten der Athleten wurde damals ihre körperliche Vollkommenheit in den Vordergrund gestellt. Die Nacktheit der Konkurrenten (das *gymnos* im Wort »Gymnastik« bedeutet wörtlich »nackt«), Statuen, die man zu Ehren der Sieger errichtete, geweihte Olivenkränze, die rituell überreicht wurden, all dies kündet von der Verehrung der *Körper* der erfolgreichen Athleten, die gleichsam in den Rang von Göttern erhoben wurden. So wurde wertfrei die volle Körperlichkeit des Menschen bestätigt, ohne Abwertung gegenüber dem Geiste.

Zu jener Zeit verkörperte die *Kalokagathia* – wörtlich übersetzt: die »Schön- und Gutheit« des Menschen – den Idealtyp. Es wurde somit von körperlichen Qualitäten auf moralische geschlossen. Uns, die wir heute äußere und innere Schönheit voneinander trennen, mag es schockieren, aber im antiken Griechenland schloss man von ästhetischer Perfektion auf intellektuellen Feinsinn. Da der Mensch eine Einheit war, konnten sich Physis und Psyche nicht unterscheiden. Um weise zu sein, musste man schön sein.

Ein Mann jedoch durchbrach dieses Schema: Sokrates. Letzterer mag ein großer Weiser gewesen sein, er stand aber auch im Ruf abstoßender Hässlichkeit! Regte er deshalb ein Denken an, das Wahrnehmung und Erkenntnis trennte, Körperliches von Geistigem? Wie auch immer, seit seiner Zeit (also dem Beginn des vierten Jahrhunderts v. Chr.) begannen sich die Dinge zu ändern. Die Spiele mit ihren sportlichen Wettkämpfen, bereits in Degeneration begriffen, verloren immer mehr an Glanz. Der Geist begann sich vom Körper zu lösen. Die *Kalokagathia* war immer seltener der angestrebte Idealtyp. Sie wurde vom Leitspruch »*Mens sana in corpore sano*« abgelöst – »ein gesunder Geist in einem gesunden Körper« –, keiner hellenischen, sondern einer lateinischen Maxime, die gleichzeitig einen Übergang verdeutlicht: Waren für die Griechen Körper und Geist noch zwei Seiten derselben Medaille, wird von nun an getrennt – der Körper bildet nur noch die schützende Hülle für das einzig Wesentliche: den Geist.

Diese allgemeine Entwicklung verstärkte sich mit dem Aufkommen der drei großen, monotheistischen Religionen, die, jede auf ihre Weise, eine Hierarchie zwischen vergänglichem Körper und unsterblichem Geist errichteten – natürlich immer zum Nachteil des Ersteren. Die Spiele der Antike konnten nicht mehr länger toleriert werden. Mit dem Vorwurf, das Heidentum zu fördern, wurden sie um 393 n. Chr. im Auftrag des Bischofs Ambrosius von Mailand durch ein Edikt des christlichen Kaisers Theodosius I. endgültig verboten.

Es folgte eine sehr lange Epoche, in der das sportliche Feuer, auch wenn es weiterloderte (man denke zum Beispiel an volkstümliche Spiele, Feste, ritterliche Turniere), stets repressiven kirchlichen Regeln unterworfen war. So erließ Papst Innozenz II. anlässlich des Konzils von Clermont im zwölften Jahrhundert das Verbot dieser »abscheulichen Jahrmärkte, die volkstümlich Turniere genannt werden, bei denen Ritter sich gewöhnlich versammeln, um ihre Kräfte und ihren waghalsigen Mut zu messen, wobei sie oft ihr Leben aufs Spiel setzen und dabei das Verdammnis ihrer Seele«. Und er fügte hinzu: »Jenen, die dort den Tod finden, wird das christliche Begräbnis verwehrt werden.« Der Körper wird zu etwas Minderwertigem. Es wird eine echte Trennung zwischen Körper und Geist verfügt und wenig später von Descartes besiegelt, der im Menschen zwei »Substanzen« unterscheidet: einerseits die denkende Substanz, die den Menschen definiert (»ich denke, also bin ich«), andererseits die körperliche, verderbliche und unbeständige Substanz, mit der wir nur zeitlich vorübergehend verbunden sind.

Während der Renaissance noch leicht umstritten, erfährt diese Geringschätzung und Verbannung des Körpers dann im neunzehnten Jahrhundert eine radikale Revision, als englische Protestanten auf die Idee kamen, sportliche Praxis zu ermutigen, um etwas gegen den Verfall der Sitten zu unternehmen. So zum Beispiel der Prediger Kingsley und seine *Muscular Christians* oder der Theologe Thomas Arnold, der den Sport in den Lehrplan der *Private School* in Rugby aufnahm, deren Rektor er war.

Der Körper hatte somit eine gewisse Würde wiedererlangt. Und es öffnete sich ein Weg zu einer wirklichen Renaissance des Sports, eine Schneise, die der berühmte Baron Pierre de Coubertin schlug, als er die antiken Spiele zum Vorbild für moderne Olympische Spiele nahm, deren erste Ausgabe 1896 in Athen stattfand.

KRISE IN DER DEUTSCHEN MANNSCHAFT

Die ersten Monate des Kalenderjahres sind wohl für jeden Radsportler Monate der Mühsal und der Unsicherheit. Im

Dezember blickt man noch auf die vergangene Saison zurück. Das Wintertraining hat schon begonnen, zunächst unbekümmert und noch in Feststimmung. Im Januar wird's dann ernst. Denn schon bald, kaum einen Monat später, werden die ersten Rennen folgen. Man sorgt sich um sein Übergewicht. Man sammelt Stunden im Sattel und erlegt sich eine strenge Diät auf, die die Exzesse des Winters beseitigen soll. Man fragt sich, ob man zu viel tut oder doch zu wenig, ob die Vorbereitung optimal ist...

Griechen oder nicht, Velosophen oder keine, alle Radsportler kennen diese Zweifel der Frühsaison. Die üblichen Trainingslager Mitte Januar sind eine erste Möglichkeit, sich zu vergewissern. In simulierten Rennen mit den Mannschaftskameraden »testet« man sich, bis dann endlich der Februar kommt und mit ihm die ersten echten Wettkämpfe. Auch wenn die Auftaktrennen selten Rückschlüsse auf die kommende Saison zulassen, ist es immer schön, dort gute Platzierungen einzufahren. Es ist gut für die Moral.

Und gerade jetzt, Anfang März, nach gerade mal einem Rennmonat, steckt die deutsche Mannschaft im Tal des Zweifels. Man muss sagen, dass der Saisonbeginn einfach schlecht lief. Zumindest nicht auf dem Niveau, das die Klasse des Teams erwarten ließ. Angesichts von Fahrern wie Rudi Altich, Erik Zadel, Jens Vogt oder Jan Ullrig vereint im gleichen Trikot hatten Beobachter von der deutschen Rad-Nationalmannschaft brillante Leistungen erwartet. Aber nichts da. Nicht einmal eine Podiumsplatzierung bei einem zweitklassigen Rennen ist bisher herausgesprungen...

Einige Fahrer wirkten lustlos, andere waren übergewichtig, und manche bekamen trotz ihres guten Willens allmählich die Last ihres Alters zu spüren. Im Übrigen hatte die Rückkehr zum System der Nationalmannschaften die Rivalitäten unter den deutschen Fahrern nur angestachelt. Zuvor unangefochtene Kapitäne ihrer Rennställe, waren sie nun gezwungen, unter einem Banner gemeinsame Sache zu machen. Das mindeste, was man nach den ersten Rennen des Jahres feststellen konnte, war ein fehlender Mannschaftsgeist. Insbesondere wird man sich an die Trofeo Palma im Rahmen der Mallorca Challenge erinnern, wo Altich den Kollegen Zadel im Sprint blockierte, während Ullrig – der eigentlich als Anfahrer fürs Finale vorgesehen war – den letzen Kilometer auf eigene Faust durchzog!

Kurzum, die Krise ist da. Will man eine Katastrophe im Juli vermeiden, muss schnell reagiert werden. Umso dringlicher, als der Start der Tour in diesem Jahr in Düsseldorf stattfinden soll. Ohne gute Ergebnisse wäre der neue deutsche Radsportboom jäh vorbei...

Zum Glück hat der Teammanager der Mannschaft – ein gewisser Albert Einstein – beschlossen, die Sache in die Hand zu nehmen. Er ist aufgrund seiner Kenntnisse über die physikalischen Grundlagen des Sports nominiert worden – ein hervorragender Analytiker, dessen ansteckend gute Laune Gemeinschaftsgefühle weckt. Einstein ist sich des Problems, das den Saisonbeginn der deutschen Mannschaft verhagelt hat, vollkommen bewusst, aber, wie er so gern wiederholt: »Ein Problem ohne Lösung ist nur ein schlecht formuliertes Problem.« Einstein ist ein Optimist.

Bald hat sein findiger Geist eine revolutionäre Lösung gefunden, um das Übel zu bekämpfen, das seine Mannschaft lähmt. Der Teammanager nutzt ein Trainingslager in De Haan an der belgischen Küste, um seinen Männern vor den Frühjahrsklassikern in Flandern besagte Theorie darzulegen:

»Männer, euch allen ist nicht entgangen, dass unsere bisherigen Leistungen nicht unserem Niveau entsprechen. Die Saison ist noch lang. Ich weiß, ihr alle arbeitet hart, um die Situation in den Griff zu bekommen. Doch meine Rolle als Teammanager ist es, immer und überall zu überlegen, wie wir vielleicht ein kleines Stück besser werden können. Dabei bin ich auf eine Theorie gestoßen, die uns erlauben wird, wieder die vordersten Plätze zu erobern, eine Theorie, die, davon bin ich überzeugt, den modernen Radsport revolutionieren wird, eine Theorie, die…«

»Wenn es die gleiche Sorte Theorie ist wie beim letzten Mal, dann lassen Sie es besser gleich…«, unterbricht Altich ihn mit scharfem Sarkasmus.

»Wie bitte?«

»Na ja, Ihre Theorie, derzufolge Masse gleich Energie ist. E=CM2 oder so… Sie haben uns den ganzen Winter nur Training im Kraftraum absolvieren lassen, damit wir mehr Muskelmasse aufbauen, um dann berstend vor Energie in die Rennen zu gehen. Das war doch Ihre Idee, nicht wahr? Das Ergebnis: Bleischwer sind wir in die Saison gestartet und haben kein Rad vors andere bekommen…«

»Ja, gewiss. Diese Theorie brachte ein gewisses Risiko mit sich…«, gesteht Einstein. »Vermutlich verlangt ihre Anwendung in der Praxis eine genauere Beobachtung. Meine neue Theorie aber ist etwas völlig anderes!«

»Ich hoffe, es ist nicht so eine Nummer wie damals, als Sie uns weismachen wollten, es würde keine Gravitation geben«, ätzt Ullrig. »Eins kann ich Ihnen sagen, in den Anstiegen spüre ich die Schwerkraft mit meinen zehn Kilo Übergewicht mehr als deutlich!«

»So habe ich das nicht gemeint, lieber Jan«, fährt er freundlich fort, »du hast mich nicht richtig verstanden. Was ich sagte, war, dass die Gravitation als solche nicht existiert, sondern nur eine Folge der Raumzeitkrümmung ist.«

Ullrig schaut ihn nur verständnislos an, und so sieht Einstein sich veranlasst, weiter auszuholen:

»Man muss sich Raum und Zeit als ein und dieselbe Sache denken, wie ein großes Netz, das sich über das gesamte Universum spannt. Was man Gravitation nennt, ist letztlich nur ein Loch, eine Vertiefung in diesem riesigen Netz. Du, als Radsportler auf der Erde, befindest dich mitten in diesem Loch und ›rutscht‹ immer tiefer hinein, wenn du nichts unternimmst. Aber du kannst etwas unternehmen! Du kannst in die Pedale treten, und je schneller du in die Pedale trittst, je kräftiger du in die Pedale trittst, desto höher steigst du! Denn man muss wissen, dass sich der Raum bei zunehmender Geschwindigkeit zusammenzieht. Darum ist Fahrradfahren ganz leicht: immer nur beschleunigen, damit Entfernungen schrumpfen. Hast du es nun verstanden? Lass die Pedale wirbeln, dann werden die Anstiege kürzer!«

Während Einstein nach diesem leidenschaftlichen Vortrag tief Luft holt, wirft Ullrig seinen Teamkameraden einen vielsagenden Blick zu. Endlich einmal sind sich die deutschen Fahrer einig: Dieser Teammanager aus der Hochschulwelt, den ihnen der Radsportverband vor die Nase gesetzt hat, mag ja vielleicht auf seinem Fachgebiet eine Koryphäe sein, aber vom Radsport versteht er rein gar nichts!

DIE BEINE IM KOPF

»Man muss wie ein denkender Mensch handeln
und wie ein handelnder Mensch denken.«

HENRI BERGSON

Ist mit der »Neuerfindung« des Sports im neunzehnten Jahrhundert eine Rehabilitierung des Körpers erfolgt? Erlebte man die Rückkehr der *Kalokagathia*? Weit gefehlt. Auch der moderne Sport (die Moderne allgemein) hat die Eigenheit, den Körper nur als Stütze des Geistes zu begreifen. Das war auch bei Kingsley oder Arnold der Fall, die an der körperlichen Ertüchtigung die erzieherische Wirkung zur moralischen Besserung schätzten.

War der Ansatz des laizistischen Pierre de Coubertin ein anderer? Man muss nur einige Titel seiner Schriften nennen, um sich vom Gegenteil zu überzeugen: *Sportliche Erziehung, Utilitäre Gymnastik*... Die Titel sprechen für sich: Für den Baron ist Sport nur Mittel zum Zweck; denn »die psychologische Komponente ist ebenso groß wie die physiologische« und sein Interesse liegt darin, »den Charakter zu stärken und das zu entwickeln, was man den moralischen Muskel des Menschen nennen könnte«.

Eher als eine Rückkehr zu den ursprünglichen Olympischen Spielen entwirft Pierre de Coubertin deren Reaktualisierung mit Spielen, die den Körper *in fine* dem Geist unterordnen und moralischen Werten unterwerfen, die er beispielhaft verkörpern soll. Im Übrigen wird nicht das griechische Modell der *Kalokagathia* wieder aufgenommen, sondern das lateinische »*Mens sana in corpore sano*«, nur eben leicht verändert zum »*Mens fervida in corpore lacertoso*« (»ein lebhafter Geist in einem trainierten Körper«). Trotz dieser feinen Abwandlung (als angestrebtes Ideal wird Gesundheit durch Leistung ersetzt) folgt Coubertin der langen Tradition einer Abspaltung und Abwertung des Körpers gegenüber dem Geist. Körperliche Ertüchtigung ja, solange sie der geistigen Entwicklung und Verbesserung dient.

Haben wir heute diese Tradition verlassen? Gar nicht mal so sicher. Es reicht, sich die geringe Wertschätzung handwerklicher Berufe in unserer Gesellschaft anzusehen. Wie oft werden Schüler, die gern eine Lehre beginnen würden, von ihren Eltern dazu gedrängt, »zuerst ihr Abitur zu machen« oder ein sogenanntes »höheres« Studium anzustreben, nur um dann hinterher im Alter von fünfundzwanzig auf Berufe umzuschulen, die sie gern schon mit fünfzehn ergriffen hätten?

Tatsächlich ist die Situation eher schlimmer geworden. Heute findet die Spaltung von Körper und Geist nicht nur auf Ebene des einzelnen Individuums statt, sondern ist auf die gesamte Sozialstruktur ausgeweitet worden. Eine Überspezialisierung der Tätigkeitsprofile hat die Gemeinschaft in die Klassen der »Handarbeiter« und »Geistesarbeiter« geteilt. Teile der Gesellschaft finden sich als bloße Körper wieder, während andere rein geistige Wesen sind. Auf der einen Seite die emsigen Akteure, auf der anderen die kontemplativen Zuschauer...

Diese beiden Welten zusammenzubringen, ist in den Augen vieler etwas gänzlich Außergewöhnliches. Das erklärt womöglich die Aufmerksamkeit, die ich als Radrennfahrer mit einem Studienabschluss in Philosophie erregt habe. Ich fiel aus den herkömmlichen Kategorien und üblichen Schemata heraus. Bin ich darum ein Außerirdischer? Ich glaube nicht. Ich glaube, ein Mensch kann durchaus gleichzeitig handeln und denken.

Gewiss befinde ich mich in meiner Position eindeutig in der Minderheit, denn man wundert sich sehr über Tätigkeitsprofile wie das meinige, die »Kopf und Beine« vereinen, wie es so schön heißt. Hier »der Kopf«, dort »die Beine« - das scheint das akzeptierte Modell zu sein... Wer von diesem Muster abweicht, entspricht nicht dem Zeitgeist.

In der Praxis ist diese Trennung natürlich nicht ganz so strikt. Ich gestehe, zwischen handwerklichen und geistigen Berufen gibt es Brücken. Ich selbst habe von speziellen Förderprogrammen profitiert, die mir halfen, beide Karrieren parallel verfolgen zu können (Sportabitur am Gymnasium von Flers, Fernstudium zum Master an der Universität Paris-Nanterre).

So löblich die Existenz dieser Programme ist, tut sich die Gesellschaft immer noch schwer damit, derart »originelle« Werdegänge zu akzeptieren. Wie oft habe ich zu hören bekommen, ich müsse eine Wahl treffen, man könne nicht Hochleistungssport und ein Universitätsstudium verbinden! In den Vereinigten Staaten ist sportlicher Erfolg für Studenten ein

Trumpf, der sich gut in ihrem Lebenslauf macht. Warum ist man in Frankreich demgegenüber so misstrauisch? Könnte es sein, dass der Körper den intellektuellen Milieus Angst einjagt? Oder fürchtet man die Entwertung der universitären Ausbildung, wenn man entdeckt, dass man parallel dazu Hochleistungssport betreiben kann? Vermutlich ist die Erklärung viel schlichter, als man denkt. In den Augen vieler, die zu den »Eliten« zählen, ist die Welt des Sports ein fremder, unendlich weit entfernter Planet.

Das jedenfalls war mein Eindruck, wenn ich im Laufe meines Studiums immer wieder das Gefühl bekam, ein UFO zu sein. Nicht etwa, weil ich als verschroben galt; die meisten Dozenten und Kommilitonen machten sich vor allem keine Vorstellung davon, was das Leben eines Radsportlers der ersten Division, also der höchsten Amateurklasse in Frankreich, an Training, Ortswechseln und Opfern verlangte. Für die meisten war mein Sport nichts weiter als ein »Hobby«. Es war für sie unvorstellbar, dass ich abends nach dem Unterricht bei jedem Wetter noch drei Stunden trainieren fuhr, dass ich meine Wochenenden in einem Lieferwagen verbrachte, um am anderen Ende von Frankreich ein Rennen zu bestreiten, und dass ich mehr Kilometer im Jahr auf meinem Rad zurücklegte als sie mit ihrem Auto. Für viele meiner Professoren war der Alltag eines Sportlers schlichtweg *Terra incognita*.

Mir macht es nichts aus, wenn viele Geisteswissenschaftler keine Ahnung von Sport haben. Mich störte vielmehr, dass diese Ignoranz keine Neugier hervorrief, sondern Ablehnung. Zum Abschluss meines Masterstudiums hatte ich eine originäre wissenschaftliche Arbeit zu verfassen – die Masterarbeit – und mir kam der Gedanke, das Thema Sport philosophisch zu betrachten. Genauer gesagt nahm ich mir vor, das Phänomen der Athletik in Bezug auf die Philosophie Nietzsches zu betrachten und umgekehrt. Was habe ich nicht für Schwierigkeiten gehabt, einen wissenschaftlichen Betreuer zu finden, der sich gern meines Themas annehmen wollte! Man fand mein Thema zu »exotisch«! Ich gestehe, Nietzsche ist nicht gerade für Aufsätze zum Sport bekannt. Aber ich hatte schon genau darauf geachtet, meine Arbeit als Interpretation anzulegen. *Ich* war es, der den modernen Sport mit der Elle der Philosophie Nietzsches denken wollte; keinesfalls wollte ich beim deutschen Philosophen etwas finden, was es nicht gab...

Der eigentliche Grund für den Widerstand gegenüber meinem Thema war vermutlich weniger dessen Exotik als vielmehr, dass die Leute es im Allgemeinen nicht schätzen, wenn man ihre kulturellen Gewohnheiten über den Haufen wirft...

Genau wie Radrennfahrer sich innerhalb dessen, was man als »große Radsportfamilie« bezeichnet, mit eigenen Codes und Ausdrücken verständigen, richten Philosophen sich mittels wissenschaftlicher Arbeiten, die unverständliche Titel tragen und mit abstrusen Fachausdrücken gespickt sind, vornehmlich an andere Philosophen, was ihnen die geschlossene Rezeption ihrer Schlussfolgerungen garantiert. Die ausgetretenen Pfade zu verlassen, um diese einander so fremden Universen in Verbindung zu bringen, musste wie eine Infragestellung der bestehenden Ordnung wirken.

Glücklicherweise gibt es Ausnahmen und so traf ich schließlich auf den Philosophieprofessor Jean-François Balaudé, seines Zeichens Verwaltungsratsvorsitzender der Universität Nanterre und im Übrigen selbst ein begeisterter Rennradfahrer, der meinen Forschungsansatz guthieß und meine Arbeit wissenschaftlich betreuen wollte. Endlich konnte ich also mit meiner Untersuchung beginnen, die den Sport als philosophischen Gegenstand betrachtete. Mit einer Arbeit, die ich in der Absicht angelegt hatte, zu überraschen und zu irritieren, aber vor allem, um Brücken zu bauen statt neuer Mauern.

EINE REVOLUTIONÄRE IDEE

Zwischen den deutschen Fahrern und ihrem Teammanager Einstein hat verständnisloses Schweigen eingesetzt. Ungeachtet dessen kommt Letzterer auf seine neue, große, revolutionäre Idee zurück. Dass sein Publikum sprachlos ist, ist ihm offenbar völlig gleichgültig.

»Männer, wenn ich euch zusammengerufen habe, dann weder um über die Zeitraumkonstante noch über Muskelaufbau zu diskutieren. Natürlich sind wir hier, um uns auf die kommenden Rennen in Flandern vorzubereiten... Aber nicht nur. Das eigentliche Ziel liegt weiter entfernt: Wir müssen jetzt über die Möglichkeiten nachdenken, uns bis Juli in Topform zu bringen, wenn in Düsseldorf der *Grand Départ* der Tour de France stattfindet. Dabei habe ich von den neuen Methoden der griechischen Radsportmannschaft gehört.«

Die Radsportler können ihr Lachen kaum unterdrücken. Griechenland ist nicht gerade die Mannschaft, die ihnen die größten Sorgen bereitet.

Völlig unbeeindruckt vom allgemeinen Spott, fährt Einstein fort: »Das mag tatsächlich lustig klingen. Aber kann mir jemand verraten, wer vor vierzehn Tagen die Königsetappe der Oman-Rundfahrt gewonnen hat, oben am Gipfel des Grünen Bergs? Ich helfe euch auf die Sprünge: Es war ein gewisser Sokrates, Mitglied der hellenischen Nationalmannschaft!«

»Die anderen haben mich am Fuße des entscheidenden Anstiegs nicht in eine gute Position gebracht...«, wehrt sich Ullrig leicht pikiert und wirft einen finsteren Blick Richtung Altich.

»Weil Platon mich kurz zuvor an den Straßenrand gedrängt hatte«, verteidigt sich Altich.

»Und im Übrigen haben diese Griechen den ganzen Winter über in der Sonne trainieren können«, bekräftigt Zadel. »Während wir gleichzeitig im Schwarzwald und in der Schweiz frieren durften oder auf der Berliner Radrennbahn herumgerollt sind... Geben Sie zu: Das waren keine idealen Bedingungen, um sich auf ein Rennen im Orient vorzubereiten! Alle anderen Teams sind immer noch im Trainingslager in Spanien oder Italien, um sich auf Flandern vorzubereiten. Was machen wir als Einzige bei Wind und Wetter hier in De Haan?«

Einstein beschwichtigt und versichert, diese Parameter seien nur von untergeordneter Bedeutung. Denn der wahre Grund griechischer Erfolge, ihre Geheimwaffe, ist seiner Meinung nach... ihre Intelligenz!

Einmal mehr sind die Athleten baff. Dieser Teammanager mit der wirren Mähne ist auf jeden Fall ein Original. Als müsse man fürs Radfahren intelligent sein. Klingt ja fast so, als seien sie selbst nicht intelligent!

Die spürbare Verstimmung seiner Fahrer entmutigt Einstein keineswegs. Er erklärt ihnen, wie viele Reportagen, Artikel und Berichte er schon über diese griechischen »Velosophen« gelesen und gehört hat – über Sokrates, Platon, Aristoteles und die anderen. Diese Fahrer sein physisch so stark, weil sie intellektuell so brillant seien. Unter den Journalisten war man sich einig: Auf alle, die sie praktizieren, wirkt Philosophie wie ein Zaubertrank, der auf dem Rad nicht zu unterschätzende Vorteile bringt. Neben einem Zugewinn an Ausdauer und Maximalkraft verschaffe sie den Mannschaften einen eisernen Zusammenhalt. Und alle bestätigen es: Die Griechen werden bei der Tour im Juli schwer zu schlagen sein, *weil sie denken können*.

Fröhlich und voller Tatendrang greift Einstein den Faden wieder auf: »Was uns im Grunde fehlt, liefert Philosophie uns zum Schnäppchenpreis! Folglich habe ich beschlossen, einige Philosophen in unsere Mannschaft aufzunehmen, damit der deutsche Radsport wieder die vordersten Ränge belegt. Es mag sich merkwürdig anhören, aber es gibt in Deutschland eine ganze Reihe Philosophen, die auch dem Rennrad zugetan sind. Ich werde also zur Auswahl der Besten eine Art *Casting* organisieren, dann können wir diesen unheimlichen Griechen mit gleichen Waffen begegnen! Ich verlasse mich natürlich auf eure Unterstützung, damit die anstehende Sichtungsfahrt reibungslos vonstattengeht und ich bei der Auswahl bestmöglich beraten werde… Zugegeben, meine Idee mag überraschen, aber sie wird einen Schneeballeffekt auslösen. In wenigen Jahren schon wird für eine Karriere als Radrennfahrer ein Master in Philosophie erforderlich sein.«

Die deutschen Fahrer sind über das Stadium der Überraschung längst hinaus. Auch über jenes der Verzweiflung. »Ein Master in Philosophie... Was für ein Blödsinn!« Sie haben ihren Widerstand aufgegeben und sich damit abgefunden, diesem verrückten Teammanager zu folgen und sein Spiel mitzuspielen.

NIETZSCHE – EINE PHILOSOPHIE DES SPORTS?

»Euch rate ich nicht zum Frieden, sondern zum Siege.«

NIETZSCHE

Sport und Philosophie scheinen auf den ersten Blick nur durch sehr dünne Fäden verbunden zu sein. Die Philosophie hat immer das Bestreben gehabt, sich aus materiellen Beschränkungen und menschlichen Niederungen zu lösen. Daher kann sie sportliches Treiben – wenn überhaupt – nur abschätzig und von oben herab betrachten.

Was die Welt der Athleten und ihre Mitglieder angeht, sind diese oft derart in den Strom des Tagesgeschehens eingetaucht, dass sie allzu selten den Kopf heben, um ihr Tun aus einem neuen Blickwinkel zu betrachten, als einen Gegenstand, um darüber nachzudenken.

Philosophen und Sportler tun sich in ihrer gegenseitigen Ignoranz allerdings unrecht, denn in Wahrheit interessieren sie sich für ein und dasselbe, nämlich: was der Mensch will und kann. Es bestehen Beziehungen zwischen diesen zwei Welten, man muss ihnen nur nachspüren. Und genau das habe ich in meiner Masterarbeit tun wollen, deren genauer Titel lautete: »Der moderne Sport: eine Anwendung der nietzscheanischen Philosophie?«

Um es klarzustellen: Mein Ziel dabei war nicht, die Philosophie Nietzsches als ein »Programm« darzustellen, das durch den modernen Sport in die Tat umgesetzt würde. Wenn es auch eine zeitliche Nähe zwischen Nietzsche (1844–1900) und der Renaissance des Sports im neunzehnten Jahrhundert gibt (Gründung der Football Association 1863, erste Olympische Spiele der Neuzeit 1896, erste Tour de France 1903), wäre es weit hergeholt, im einen den Vorläufer des anderen zu sehen.

Auch erfolgte meine Arbeit nicht mit dem Wunsch, »nützlich« zu sein. Es ging nicht darum, nietzscheanische Rezepte zu liefern, mit denen man ein besserer Athlet wird! Für einen Champion gibt es nicht die geringste Notwendigkeit, zuerst ein großer Sporttheoretiker zu sein. Wenn es ums Handeln geht, sind mir Bücher nur ein sehr schwaches Hilfsmittel...

Mit meiner Masterarbeit habe ich nur eine ganz persönliche Sichtweise entwickeln wollen, eine Vision, in der ich Nietzsche als heimlichen Vater des modernen Sports darstelle. Warum? In erster Linie einmal aus Spaß daran! Weil es lustig war, sich Nietzsche als Gründungsvater des Sports vorzustellen, genauso wie es lustig ist, sich Einstein als Teammanager zu denken (ein weiteres Vorurteil, das es aus der Welt zu räumen gilt: Philosophen können nicht lachen).

Allerdings muss ich gestehen, dass die Wahl meines Themas mit meiner eigenen Entwicklung im Einklang stand. Nietzsche war einer der ersten Philosophen, die ich entdeckte, und derjenige, der mich sicher am stärksten prägte. Er löste in mir den Wunsch aus, mich in dieser Disziplin zu versuchen. Jeder, der Nietzsche liest, wird anfangs sehr überrascht sein, denn er findet etwas komplett anderes vor als das, was man von einem »klassischen« philosophischen Werk erwartet. Nicht nur überrascht einen der bildhafte, mitreißende Stil, auch die Themen, die er anschneidet, verblüffen. Auf einen Aphorismus kann durchaus eine metaphysische Spekulation folgen, oder Empfehlungen für eine gesunde Ernährung. Dieser Philosoph sprach ebenso den jungen Mann in mir an wie den werdenden Spitzensportler. Es war einfach konsequent, ihm meine Arbeit zu widmen.

Gleiches gilt für meine spezielle Beziehung zum Sport. Solange ich mich erinnere, besitze ich diesen besonderen Wettbewerbsinstinkt: Ich wollte immer gewinnen. Deshalb sollte das, was ein so wichtiger Teil meines Lebens und meiner alltäglichen Aktivitäten ist, einen Platz in meiner wissenschaftlichen Arbeit haben.

Drei Grundmotive, die sich durch die Philosophie Nietzsches ziehen, sind die Beschreibung des Lebens als Kampf, die Vorrangstellung des Individuums und die Verherrlichung des Sieges. Für mich war die Verbindung zum Sport augenscheinlich.

Um etwas weiter ins Detail zu gehen, möchte ich behaupten, dass sich meine gesamte Masterarbeit um ein Projekt drehte: den modernen Sport neu zu denken, ihn jedenfalls authentischer zu denken, als ihn seine Gründungsväter gedacht haben. Das sollte ich näher erläutern. Der Sport, wie wir ihn kennen, ist von einer Reihe von Werten geprägt – Fairplay, gegenseitige

Hilfe, Universalismus, Amateurismus, Indifferenz gegenüber dem Ergebnis, Fortschrittsideal und so weiter... Diese Werte (also die des Olympischen Geistes von Coubertin) sind an sich aller Ehren wert. Nur spiegeln sie in meinen Augen nicht wider, was ein Sportler in Wirklichkeit erlebt. Als Sportler bewege ich mich außerhalb dieser Ideologie des Fairplay, die zum Leitmotiv des modernen Sports geworden ist. Für mich, wie für alle Leistungssportler, die ich kenne, ist »dabei sein« in der Tat weniger wichtig, als zu gewinnen; und sollte es einmal vorkommen, dass »Einigkeit stark macht«, so am Ende nur, um den Ehrgeiz des Einzelnen zu befriedigen. Was Ziele angeht, so ist es ein Irrglaube, natürliches Talent allein mache sie erreichbar. Um ein Champion zu werden, braucht es Arbeit: Es ist ein Beruf.

Zusammengefasst scheint mir unser moderner Sport von einer gewissen Heuchelei durchzogen. Hinter einer hübschen Werbefassade verbirgt man, was einen Sportler in Wirklichkeit antreibt und befeuert – seine Animalität und sein enges Verhältnis zur Anstrengung. *»You can do it«*, und das ganz ohne zu schwitzen? Das wäre zu schön...

Meiner Meinung nach ist die Philosophie Nietzsches paradoxerweise besser als die vorherrschende olympische Ideologie in der Lage, zu beschreiben, was ein Sportler durchlebt. Als Radprofi fühle ich mich dem affirmativen Individualismus Nietzsches näher als der zurzeit beliebten, altruistischen Fassade. Das Wesen des sportlichen Wettbewerbs ist nicht Eintracht, sondern Gegnerschaft. Woher die Scham, offen einzugestehen, dass Sport ein Kampf ist, in dem es darum geht, den Gegner zu schlagen? Es ist doch besser, unsere animalischen

Impulse in Form geregelter Wettkämpfe zu sublimieren, als sie verborgen zu halten und dann unvermittelt an anderer Stelle auszuleben. Im selben Sinne empfinde ich die Stellung des Körpers in unserer Gesellschaft als sehr ambivalent: Einerseits errichtet man einen Kult um den Körper, andererseits lebt man diesen nicht konsequent aus, weil Materie immer dem Geist untergeordnet bleibt. Und da scheint mir Nietzsches Philosophie wiederum wesentlich gesünder, da sie kompromisslos das Primat des Physiologischen bekräftigt.

Unter dem Einfluss von geistigen Vätern wie Thomas Arnold oder Pierre de Coubertin kam im neunzehnten Jahrhundert der moderne Sport mit dem Fehler zur Welt, im Widerspruch zu den ursprünglichen Prinzipien zu stehen, wie sie in der Frühzeit des griechischen Olympismus entwickelt wurden. Wäre hier nicht Nietzsche ein besserer Gründungsvater gewesen?

SICHTUNGSFAHRT IN DE HAAN

Fest entschlossen, seine revolutionären Ideen in die Tat umzusetzen, hat Einstein die größten Intellektuellen Deutschlands zu einer Sichtungsfahrt nach De Haan geladen, um das Team mit einigen Philosophen zu verstärken. Die angesehenen Universitätsprofessoren und genialen, einzelgängerischen Meisterdenker waren zunächst von dieser Einladung überrascht. Aber schließlich willigten sie alle geschmeichelt ein, hatten sie doch Folgendes auf der Agenda gelesen: »Sichtung von Philosophen, die in der Lage sind, an der nächsten Tour de France teilzunehmen«. Neugier ist eine große philosophische Qualität. Und außerdem war kein Geringerer als Einstein Veranstalter des Treffens – ein Universitätsprofessor, das klang seriös. Man muss allerdings zugeben, dass einige eher aus einem Missverständnis heraus der Einladung gefolgt waren. Da glaubte jemand beispielsweise, es handele sich um ein Kolloquium, das zur Sichtung und Bewertung der linguistischen Wendungen in der französischen Philosophie abgehalten würde.

Was ist er nun erstaunt, als Einstein anstelle eines Begrüßungsvortrags alle Teilnehmer bittet, sich für eine gemeinsame Einführungsrunde durch die windige flämische Ebene in den Sattel zu schwingen. Denn schließlich geht es hier ja am Ende immer noch ums Radfahren, sagt sich der Initiator. Das Potenzial der neuen Rekruten lässt sich letztlich am besten auf der Straße erkennen.

Zur Motivation der Truppe und um als Bindeglied zwischen aktuellen und potenziellen Fahrern dienen zu können, beschließt der deutsche Teammanager, die Ausfahrt nicht wie üblich aus dem Auto zu verfolgen, sondern persönlich an ihr teilzunehmen.

»Mit einem E-Bike ist das natürlich kein Problem«, grummelt Ullrig.

»Eine tolle Erfindung, nicht wahr?«, entgegnet Einstein. »Darum ist es so wichtig, dass man erst einmal nachdenkt, bevor man aufs Rad steigt.«

Worauf sich Einstein sogleich auf seinen Prototypen schwingt und einen Blitzstart Richtung Klemskerke hinlegt. Altich, Zadel und Vogt steigen ihm sofort hinterher und klemmen sich an sein Hinterrad. Recht schnell begreifen auch die

Philosophen, dass es Zeit ist, sich in Gang zu setzen. Ullrig schließt sich ihnen widerwillig an.

Auf den ersten Kilometern wird recht wenig gesprochen. Die erfahrenen Radsportler bestimmen das Tempo. Sie bleiben unter sich, führen die Gruppe mit finsterer Miene an und werfen nur von Zeit zu Zeit einen abschätzigen Blick zurück auf ihre zukünftigen Mannschaftskameraden. Letztere – die Philosophen – hätten lieber wie gewohnt diskutiert. Aber sie sparen sich lieber ihren Atem, um mit den Profis mitzuhalten.

Einstein weist seine Männer an, ein wenig Tempo rauszunehmen. Dann nutzt er die Gelegenheit, sich ans Ende des Feldes zurückfallen zu lassen, neben einen Philosophen, der eine riesige Übersetzung tritt.

»Von deiner Physis her könntest du einen hervorragenden Kletterer abgeben! Übst du bereits einen anderen Sport aus?«, fragt Einstein ihn.

»Ich gehe viel zu Fuß. Jeden Tag, zur gleichen Zeit, auf der gleichen Strecke unternehme ich meinen täglichen Spaziergang«, antwortet der, der sich Kant nennt.

»Sehr gut«, setzt Einstein das Gespräch fort. »Und was verstehst du vom Radsport?«

»Es ist nie einfach, die Grenzen zwischen Bekanntem und Unbekanntem festzulegen. Aber ich kann sagen, dass mir die Sache nicht fremd ist, da ich vorhabe, darüber ein Buch zu verfassen. Ich werde es *Die Kritik der velozipedischen Vernunft* nennen. Darin werde ich die Grenzen beschreiben, die auf dem Rad nicht überschritten werden sollten: weltliche Grenzen, aber auch physiologische und ernährungstechnische. Zudem werde ich die Nützlichkeit einer meiner Erfindungen erörtern, die dem Blutkreislauf dienlich ist, es handelt sich um eine Art Kompressionsstrumpf…«

Einstein ist ganz begeistert. Wandern und Radfahren sind beides Ausdauersportarten, zwischen den Disziplinen bestehen in der Tat Verbindungen. Und dieser Kant scheint sein Thema zu beherrschen. Auch wenn er rein äußerlich betrachtet ein wenig steif auf dem Rad sitzt und doch arg professoral wirkt, könnte er eine ausgezeichnete erste Neuverpflichtung abgeben. Kurzerhand beschließt Einstein, mit offenen Karten zu spielen, und schlägt dem Philosophen vor, Teil der deutschen Rad-Nationalmannschaft zu werden.

»Wo findet diese Tour eigentlich statt, von der Sie sprachen?«

Dem überraschten Einstein verschlägt es die Sprache.

»Sie sollten wissen, dass ich meine Heimatstadt Königsberg unter keinen Umständen verlasse«, fügt Kant in einem kühlen Ton hinzu, der sich jeden Widerspruch verbittet. »Dort bin ich geboren, dort lehre ich und dort führe ich seit jeher ein geregeltes Leben. Königsberg als Austragungsort ist die Grundvoraussetzung, dass ich an dieser berühmten Tour teilnehmen kann, von der Sie sprachen.«

Einstein schlägt sich an den Helm und erklärt dem Philosophen dann, dass diese Tour leider unmöglich in Königsberg stattfinden könne, weil es nun mal die Tour *de France* sei!

Als das Wort »France« fällt, glaubt Einstein, ein Leuchten in Kants Augen zu erkennen, gut versteckt hinter seiner Sonnenbrille (die übrigens recht nutzlos ist angesichts des düsteren flämischen Himmels). Noch will der Teammanager die Hoffnung nicht ganz aufgeben: »Die Tour startet in diesem Jahr in Düsseldorf«, insistiert er. »Das ist zwar nicht Königsberg, aber immerhin doch in Deutschland, oder? Und was machst du eigentlich hier in Belgien, wenn du doch nie deine Heimatstadt verlässt?«

»Ich hatte geglaubt, dies sei ein Kolloquium, das sich mit den Sprachwendungen französischer Philosophen befasst... Und ich muss gestehen: Für die Grande Nation pflege ich eine kleine Schwäche. Wissen Sie eigentlich, was die zwei Gelegenheiten waren, für die ich meinem täglichen Programm in Königsberg untreu geworden bin? Einmal, um mir ein Exemplar des *Contrat social* zu besorgen, ein Werk des großen französischen Philosophen Jean-Jacques Rousseau; und das andere Mal, um mich über die große Revolution auf dem Laufenden zu halten, die kürzlich in Frankreich stattgefunden hat.«

Einstein weiß, dass er damit genug in der Hand haben müsste, um den Philosophen zu überzeugen, sich der Mannschaft anzuschließen. Während sie an den Kanälen entlangrollen, beschließt er, an die sentimentalen, romantischen und frankophilen Gefühle zu appellieren, die in Kant schlummern. Er bringt ihn über die schönen französischen Städte zum Träumen, spricht über Ozeane und Berge: Planche des Belles Filles, Peyresourde, Galibier... Kant äußert zwar ein paar Einwände und etwas Kritik (eines seiner »Leitmotive«), gibt aber schließlich nach und willigt ein.

Vor lauter Erleichterung und Aufregung möchte Einstein dem Philosophen fast schon um den Hals fallen. Mit dem Rad nähert er sich Kant und versucht, ihm den Arm auf die Schulter zu legen. Der noch etwas ungeübte Philosoph aber, der körperliche Berührungen verabscheut, wäre vor Schreck fast in den Kanal gefahren! Um den Vorfall zu überspielen, wechselt

Einstein das Thema und kommt auf das Training für den kommenden Juli zu sprechen. Er rät Kant vor allem, für die Berge seine Trittfrequenz zu erhöhen.

Zu seinem Entsetzen muss Einstein sich daraufhin anhören, wie der Philosoph ihm erklärt, dass er bewusst so langsam in die Pedale trete. Er wolle seinen Körper nicht in Wallung bringen, denn jeglicher Schweiß und generell alle Körperflüssigkeiten seien ihm ein Gräuel! Aber wie soll man eine Tour bestreiten, ohne zu schwitzen? Im gleichen Augenblick beginnt es leicht zu regnen. Aus Furcht, nass zu werden, kehrt Kant auf der Stelle um, zurück nach De Haan. Und überhaupt: Auch diese komischen Shorts, die ihm stark in den Schritt schneiden, gefallen ihm gar nicht. Kaum ist der erste Philosoph für die deutsche Mannschaft verpflichtet worden, geht er auch bereits wieder von Bord.

DEN SPORT NEU INTERPRETIEREN

»Ernsthafter Sport hat nichts mit Fairplay zu tun.
Er ist verbunden mit Hass, Neid, Überheblichkeit,
Missachtung aller Regeln und einem sadistischen
Vergnügen, Gewalt zu erleben. Mit anderen Worten:
Sport ist wie Krieg ohne Schießen.«

George Orwell

Mir ist sehr wohl bewusst, dass mein Vorhaben, den modernen Sport von Nietzsches Philosophie her neu zu denken, eher idealistischer Natur ist. Im Übrigen habe ich mir nie angemaßt, damit eine Arbeit vorzulegen, der ein nennenswerter Einfluss zugebilligt würde. Mir ging es darum, anhand von zwei Themen, die mir am Herzen lagen, in einer wissenschaftlichen Arbeit das Angenehme mit dem Nützlichen zu verbinden. Zudem hoffte ich, über den Umweg der Inszenierung eines nietzscheanischen Sports vielleicht zum besseren Verständnis der Philosophie Nietzsches, aber auch zum besseren Verständnis des Sports beizutragen. Zum einen, indem ich Irrwege beleuchtete, die Letzterer zurzeit durchläuft, zum anderen, indem ich vor Fehlinterpretationen warnte, denen die Werke des deutschen Philosophen gern zum Opfer fallen.

Zwei Beispiele sollen diesen letzten Punkt verdeutlichen: Nietzsches Grundbegriffe »Wille zur Macht« und »Übermensch« wurden immer wieder angeführt, um ihn der schlimmsten Übel zu bezichtigen (ethnische Hierarchisierung, Eugenik, Nazismus...). Auf den Sport angewandt lassen sich diese Termini interpretieren als Wunsch, den Gegner zu vernichten, und als Plädoyer, Mutanten zu erschaffen (mit allen Mitteln, Doping inbegriffen). Es wäre leicht und verführerisch, Nietzsche auf diese Weise zu lesen. Doch es ist ein Irrtum.

In meiner Masterarbeit habe ich zu zeigen versucht, dass der Wille zur Macht nicht als Wunsch verstanden werden sollte, den anderen zu dominieren oder, schlimmer noch, ihn aufgrund seiner Schwäche auszulöschen. Nietzsche beschreibt mit diesem Begriff eher eine natürliche Eigenschaft, die alle Wesen dazu antreibt, sich zu entwickeln und zu steigern. Der Wille zur Macht ist weniger ein politisch-soziales Abgrenzungskriterium unter Menschen als vielmehr ein individueller

Antrieb, sozusagen eine Kraft der Affirmation. Auch wenn es stimmt, dass ein Sportler vom Willen zur Macht angetrieben wird, so erfolgt das nicht mit dem Ziel, seinen Gegner zu vernichten, sondern in dem Sinne, dass dieser vitale Trieb, dieses unbändige Streben ihn trägt, um über sich hinauszuwachsen – der Konkurrent ist dazu nur Mittel zum Zweck.

Mit gleicher Vorsicht sollte das Konzept des »Übermenschen« gehandhabt werden. Der Begriff erlaubt die Deutung, es handele sich um einen Menschen *über* dem Menschen, was die Vermutung nahelegen kann, er gehöre womöglich einer überlegenen Herrenrasse an. Nietzsche verwendet das Präfix *über* jedoch in einem ganz bestimmten Sinn, und zwar nicht biologisch-darwinistisch, sondern ethisch. Dieses »darüber«, von dem hier die Rede ist, bezeichnet einen unbedingten Drang nach oben, den Drang, sich selbst zu übertreffen, der den Menschen leiten soll. Und diese Aufwärtsbewegung muss vom »Selbst« ausgehen. Wenn der Übermensch ein außergewöhnlicher Mensch ist, ein »Super-Mensch«, dann nicht wegen extraordinärer, übermenschlicher Eigenschaften, die ja eigentlich unmenschlich wären, sondern weil er im Gegenteil seiner Natur entspricht und wieder völlig Mensch geworden ist. Der übermenschliche Athlet ist kein Mutant, der seine Leistung künstlich gesteigert hat, getreu der Maßgabe, dass der Zweck die Mittel heilige. Er ist vielmehr jemand, der seine natürlichen Veranlagungen (die an sich schon außergewöhnlich sind) auf die bestmögliche Art nutzt. Das wäre der Champion.

Wenn für ihn der Sport ein Krieg ist, dann ein Krieg »ohne Schießen«. Was nicht bedeutet, dass es dabei keinen Kampf geben würde, Angriffe nur zum Schein stattfänden oder Ergebnisse ohne Bedeutung wären. Der Kontrahent ist kein Feind, den es »zu töten« gilt, aber auch kein Freund, den man nur ungern überholt. Für den nietzscheanischen Athleten, den Übermenschen, den Champion, ist der Gegner jemand, den es zur eigenen Selbstbestätigung zu schlagen gilt.

DIE GRENZEN DER ERFAHRUNG

Einstein bleibt nicht viel Zeit, um den Verlust Kants, seines ehemals zukünftigen Teammitglieds zu bedauern. Kaum hat Kant kehrtgemacht, fällt dem Teammanager der deutschen Mannschaft schon der nächste Fahrer ins Auge, der gerade ein paar Radlängen verloren hat. Es ist Schopenhauer, Autor von *Die Welt als Wille und Vorstellung*. Zwar ist das Tempo wieder erhöht worden, aber Schopenhauer, ein Mann von robuster Konstitution, scheint nicht übermäßig zu leiden. Darum wundert sich Einstein, dass er nun abgehängt wird.

»Wenn ich keine Grimassen ziehe, bedeutet es nicht, dass ich nicht leide«, erklärt ihm der Philosoph, der weit davon entfernt ist, außer Atem zu sein. »Das Leiden ist allgegenwärtig und ununterbrochen. Es ist die Frucht des Lebenskampfes, der alles in dieser Welt beherrscht. Weshalb an diesem Kampfe teilnehmen? Wozu leben wollen? Zu was ist es nütze, der Bewegung der Existenz zu folgen? Ich ziehe es vor, noch langsamer zu werden, und will die endlosen Weiten der flämischen Ebene in meinem Tempo bewundern. Ich langweile mich lieber, als zu leiden. Sehen Sie sich diese jungen Leute an, die voller Elan und ohne Kalkül in die Pedale treten. Mit welchem Ziel? In welche Richtung? Es reicht mir, ich lasse es gut sein.«

Einstein spürt, wie der Schopenhauersche Nihilismus allmählich von ihm Besitz ergreift. Bevor er noch selbst darin ertrinkt, reißt er sich wieder zusammen und überlässt den willenlosen Philosophen seinem Schicksal. Er dreht den Motor seines E-Bikes ein wenig auf, um sich an die Spitze des kleinen Pelotons zu setzen. »Jungs, wir fahren jetzt nach Nieuwport, nach Nieuwport!« Irgendjemand muss ihnen schließlich den Weg weisen.

Während er durchs Fahrerfeld nach vorne prescht, bemerkt Einstein die gezeichneten Gesichter seiner Mitstreiter. Obwohl Hegel froh darüber ist, dass sein Rivale Schopenhauer vor ihm aufgegeben hat, vermisst auch er seinen ruhigen Lehrstuhl an der Berliner Universität. Husserl, dessen Rücken sich immer mehr krümmt, zieht sich wie jeder gute Phänomenologe buchstäblich in sich selbst zurück. Leibniz dagegen, dessen Gesichtsausdruck vor Anstrengung entstellt ist, zweifelt langsam daran, in »der besten aller Welten« zu leben, so entsetzlich leidet er. Auch wenn er ständig nur im Windschatten fährt, scheint selbst Ullrig das Tempo der Fahrer an der Spitze nur mit Mühe halten zu können.

Wer zum Teufel legt da so ein Tempo vor? Sicher sind es Vogt und Altich, die ihre Überlegenheit beweisen wollen…

Tatsächlich, sie bilden die Spitze. Aber sie sind nicht allein: Nietzsche hält mit den beiden Rouleuren auf Augenhöhe mit – trotz des starken Gegenwinds! Er gibt keine Reifenbreite nach. Um genau zu sein, versucht er sogar, immer eine halbe Radlänge vor Vogt und Altich zu bleiben, weshalb der genervte Altich anfängt, den Philosophen hin und wieder wie zufällig anzurempeln, um ihn einzuschüchtern.

Einstein weiß um Nietzsches Sportlichkeit, er hat von dessen langen Bergwanderungen auf den Höhen rund um Nizza oder im schweizerischen Sils Maria gehört. Er hat aber nicht geahnt, dass dieser Mann zugleich auch auf dem Rad trainierte. Denn um auf diesem Niveau zu fahren, muss man intensiv trainiert haben, drinnen auf dem Rollentrainer und draußen bei jedem Wetter. Oder ist es das Resultat von Höhentraining? Sils Maria liegt schließlich auf tausendachthundert Metern über dem Meer. Oder ist dieser Nietzsche womöglich einfach übermenschlich...

Wie auch immer, diesmal darf sich Einstein ein solches Talent nicht durch die Finger gleiten lassen. Dieser Nietzsche ist Dynamit! Der Mann muss schnellstmöglich verpflichtet werden. Sobald er sich auf der Höhe der drei Fahrer an der Spitze befindet, ruft Einstein dem Philosophen zu, er könne sich von nun an als Mitglied der deutschen Rad-Nationalmannschaft betrachten. Einstein glaubt, heute keine bösen Überraschungen mehr zu erleben. Aber da hat er nicht mit der Reaktion des Philosophen gerechnet, denn dieser lehnt das Angebot mit der Erklärung ab, er lasse sich nicht in ein Kollektiv einbinden. Er befürchte, so gibt Nietzsche zu verstehen, dass sich seine Individualität dann nur in der Masse verwässern würde. Daraufhin legt er gleich noch einen Zahn zu und entschwindet. Machtlos und resigniert lassen Vogt, Altich und die anderen ihn ziehen.

Nietzsches Verschwinden hat zur Folge, dass sich das Tempo der Gruppe nun deutlich beruhigt. Einstein nutzt die Gelegenheit, um sich umzublicken und die Verfassung der Anwesenden zu prüfen. Das Ergebnis ist ernüchternd: Die Gruppe ist gehörig ausgedünnt und die Verbliebenen husten sich die Lunge aus dem Leib. Fast alle Philosophen (und Ullrig dazu) mussten abreißen lassen. Einstein ist erschüttert. Ihm kommen erste Zweifel am Konzept der »Radsportler-Philosophen«. In diesem Moment meldet Marx sich zu Wort:

»Ich... ich glaube felsenfest an... an die Kraft des Kollektivs! Ohne... Einigkeit... kein Kampf... möglich!«

Marx ist sichtlich außer Puste, aber irgendwie hat er es geschafft, sich in der Gruppe festzubeißen. Seine Verpflichtung würde vermutlich kein revolutionärer Gewinn sein, aber gut, Einstein hat nicht mehr wirklich die Wahl. Er muss mit dem auskommen, was er hat. Also wird Marx ohne viel Aufhebens in die Mannschaft aufgenommen.

Ein weiterer Philosoph hat ebenfalls den Anschluss halten können und ihm ist offensichtlich daran gelegen, dass alle es mitbekommen.

»Ich auch! Ich bin auch noch da!«

Es ist Martin Heidegger, Urheber des Konzepts des »Daseins«.

»Ich bin hier!«

»Du kannst aufhören zu schreien, Martin«, entgegnet Einstein süffisant, »wir haben dich gehört.«

Mit leicht gebremstem Enthusiasmus glaubt Heidegger nun, sich rechtfertigen zu müssen.

»Es ist aber doch wichtig, dass sich das Dasein in der Welt entfalte. Die ontologische Frage, so grundlegend sie auch sein mag, darf die Bedeutung der Existenz, die ihre logische Folge ist, nicht verdecken. Um das Sein des Seienden zu finden, muss man sich für das Seiende selbst interessieren. Dasein, das bedeutet als allererstes, auf der Welt zu sein. Aber, Verzeihung, ich vereinfache die Dinge doch sehr und kürze sie ab, das ist alles viel zu grob formuliert...«

»Ach, weißt du, der philosophische Inhalt ist eigentlich nicht so wichtig«, beruhigt ihn Einstein, desillusioniert und mit zunehmend vorstörtem Blick. »Ich suche einfach nur ein paar brauchbare Philosophen-Radsportler...«

»Ich bin Ihr Mann. Denn was eignet sich besser als der Radsport, um die ekstatische Zeitlichkeit des Daseins zu offenbaren? Was gibt es Besseres als das Werkzeug auf Rädern, um uns Auskunft über die Ära der Technik zu geben, dieser vollendeten Form der Metaphysik.«

»Schon gut, nicht nötig, uns einen Vortrag zu halten. Ab sofort bist du Mitglied der deutschen Rad-Nationalmannschaft. Übrigens sind jetzt alle, die mitmachen wollen, Teil des Teams!«

Das bezieht sich nur noch auf Freud, der als letzter weiterer Philosoph noch übrig ist. Während der gesamten Ausfahrt hat bisher niemand diesen zurückhaltenden und schweigsamen Mann bemerkt. Als Einstein sich ihm nun zuwendet, blickt er auf einen Fahrer, der vor lauter Verausgabung fast ohnmächtig ist. Der deutsche Teammanager rätselt, was er mit einem solchen Mann wohl bei der Tour anstellen kann. Ganz allgemein kommt ihm die Frage, was er mit einer solchen Mannschaft von Pseudo-Velosophen erreichen würde, denn es sieht ganz so aus, als sei für sie das Nachdenken strikt vom Handeln abgekoppelt. Desillusioniert weist Einstein seine Fahrer an, sich auf kürzestem Weg zurück nach De Haan zu begeben. Voller Schwung setzt sich Marx an die Spitze der Gruppe. Die Aussicht, den Radsport von innen her umwälzen zu können, hat ihn beflügelt.

Am Ende des Feldes bleibt Heidegger an Freuds Hinterrad, ein verklärtes Lächeln auf dem Gesicht. Einige Kilometer bevor sie zu ihrem Basislager zurückkehren, auf der Straße zwischen Bredene und De Haan, verändert sich jedoch sein Gesichtsausdruck. Plötzlich wirkt er sehr besorgt und er fährt diskret zu Einstein auf, um dem Teammanager mitzuteilen, was ihn plagt.

»Allerdings stelle ich eine Bedingung, Coach«, flüstert er. »Ich wünsche mir eine Mannschaft, die sich ausschließlich aus echten Deutschen zusammensetzt. Eine Frage des Volksgeistes, wissen Sie. Und diesen Freud sehe ich nun wirklich nicht...«

»Ja, wieso denn? Etwa weil er Österreicher ist?«

»Nein, nein, das ginge ja noch durch. Das Problem liegt an anderer Stelle...«

»Liegt es daran, dass Freud Jude ist – so wie ich?«

»Wie denn Einstein, Sie sind Jude?«

In diesem Moment schießt eine heftige Bö genau zwischen zwei Häuserwänden hindurch. Einstein und die anderen kommen aus dem Gleichgewicht, können einen Sturz aber gerade so eben vermeiden. Heidegger jedoch wird von dem Windstoß davongetragen und rast geradewegs in eine Düne, wo er einen grotesken Abgang über den Lenker macht.

Einstein hält nicht einmal an. Im Gegenteil, er stellt den Motor auf maximale Unterstützung, um der Gruppe zu entkommen und so schnell wie möglich nach Hause zu kommen. Heideggers »Bedingung« ist der Gnadenstoß gewesen. Für Einstein ist es der Beweis: Es liegt nicht in seiner Bestimmung, Teammanager zu sein, Anführer oder Vertreter eines Landes. Er ist zutiefst enttäuscht, wie seine Ideen aufgenommen wurden, enttäuscht darüber, dass keiner sie ernst genommen hat. Die deutschen Radprofis betrachten ihn als einen Fremden, einen Gelehrten von der Universität, der keinen Bezug zur Realität ihres Sports hat. Keiner von ihnen sieht die Vorteile, die das theoretische Wissen ihm verschaffen könnte. Und was die Philosophen betrifft, ist die Bilanz sogar noch niederschmetternder. Mit Worten mögen diese Herren ja sehr geschickt sein, aber wenn es ums Handeln geht, sind sie meist nicht zu gebrauchen.

Über eins muss man sich im Klaren sein: In Anbetracht von zwei Absagen, einem verbissenen Individualisten, einem Haufen Abgehängter und drei zweifelhaften Neuzugängen ist das Experiment mit den Philosophen-Radsportlern wohl gescheitert. Einstein begreift nun, dass eine zu starke Objektivierung, der Versuch, aus dem Radsport eine Wissenschaft zu machen, nur dazu führt, dass man das Wesentliche aus den Augen verliert: nämlich in die Pedale zu treten und voranzukommen. »Das Leben aber«, sagt er sich, »ist wie ein Fahrrad: Man muss sich vorwärts bewegen, um das Gleichgewicht nicht zu verlieren.« Analysieren, zerlegen, sezieren – das alles hat seinen Sinn, solange man es macht, um etwas aufzubauen. Was aber können kritische Vernunft, existenzielle Fragestellungen, unverständliche Vorträge – all diese Dinge, die man Philosophie nennt – am Ende aufbauen?

In Einsteins Augen ist die Schlussfolgerung klar: Theoretische Spekulation hilft einem beim Radfahren nicht weiter, ebenso wenig wie im Leben selbst. Und ein Master-Abschluss in Philosophie macht einen weder zu einem besseren Radsportler noch in anderer Weise zu einem besseren Menschen…

Es ist beschlossene Sache: Einstein quittiert seinen Job.

DIE DIALEKTIK VON KAPITÄN UND HELFERN

Während Einstein sich in der Kälte und Einsamkeit des Nordens melancholisch in Gedanken verliert, trainieren die Griechen ihrerseits an den Hängen des Ätna auf Sizilien mit einem anderen philosophischen Ansatz.

Ihnen zufolge soll das Philosophieren in erster Linie dazu dienen, sich als Mensch zu formen. Für einen Griechen ergibt zerlegende Analytik nur einen Sinn, wenn ihr die konstruktive Synthese folgt. Für einen Griechen muss die Philosophie insgesamt dem Leben zugewandt sein…

»*Philosophieren heißt sterben lernen*, meinst du nicht auch, Platon?« (Das ist Sokrates im Dialog mit Platon im Anstieg zum Ätna.)

Was meint er damit, Philosophieren bedeute, sterben zu lernen? Was ist denn nun richtig? Hieß es nicht gerade noch, die Griechen hätten eine Philosophie des Lebens entwickelt, die das Handeln in den Mittelpunkt stellt, und da behauptet

Sokrates jetzt das Gegenteil! Wie soll man das alles noch verstehen?

Genau wie den Erzähler haben diese Gedanken seines illustren Vorgängers auch Aristoteles verstört. Er will die Sache klarstellen. Während Platon sich Sokrates' Worten anschließt und anregt, dass man auch die Aussage »Radfahren heißt sterben lernen« nicht von der Hand weisen könne, geht der junge Ehrgeizling – der sich bis dahin im Windschatten der beiden anderen gehalten hat – nun unmissverständlich zur Attacke über, eine klare Form des Protests. Im Vorbeiziehen ruft er ihnen noch zu: »Philosophieren heißt siegen lernen!«

Aristoteles fährt rasch einen erheblichen Vorsprung heraus. Platon reagiert einen Tick zu spät. Um seinen Rivalen abzustrafen, tritt er wie besessen in die Pedale. Aber sein Gegenangriff kommt zu spät. Während des gesamten Anstiegs werden die beiden Männer ständig mit einigen hundert Metern Abstand hintereinander herfahren. Als Aristoteles als Erster das Rifugio Sapienza erreicht (die Herberge, in der die Hellenen ihre Basis für das Trainingslager bezogen haben), fühlt er sich so stark, als habe er eine Tour-Etappe gewonnen. Platon kommt mit zwanzig Sekunden Rückstand an. Sein Blick ist finster, der Atem kurz.

Sokrates dagegen ist den Berg einfach in seinem Tempo hinaufgefahren, in der Ruhe liegt die Kraft. Aus Erfahrung weiß er, dass eine Trainingsfahrt kein Rennen ist und dass Höhentraining wegen der sauerstoffarmen Luft eine überaus kräftezehrende Angelegenheit ist. Am Ätna kann man sich schnell die Finger verbrennen. Im Übrigen beteiligt er sich sowieso nicht an derartigen Spielchen und so kommt er schließlich mit fünfzehn Minuten Rückstand auf seine Teamkameraden oben an.

Wenig später, nachdem er sich umgezogen hat, trifft er sie bei der gemeinsamen Mahlzeit wieder. Aristoteles sitzt am Tischende und schlingt mit der Nase im Teller gierig *Maccheroni alla norma* in sich hinein. Platon am anderen Ende des Tisches begnügt sich mit ein paar Datteln und Feigen, schaut aus dem Fenster und betrachtet den Gipfel des Vulkans, als sinne er auf Revanche. Die zwei Männer ignorieren sich majestätisch. Auf den Mauern stehen ein paar Leitsätze, die Sokrates eigenhändig zu Beginn des Trainingslagers an die Wand gehängt hat: »Alles in Maßen«, »Erkenne dich selbst« oder »Ich weiß, dass ich nichts weiß«.

Nachdem er sich eine Portion vom (selbstverständlich) griechischen Salat genehmigt hat, nimmt Sokrates die beiden jungen Fahrer zur Seite: »Meine Freunde, ihr seid enthusiastisch, wagemutig und ehrgeizig. Das ist gut, denn wie sagte doch ein anderer Philosoph: Nichts Großes in der Welt ist ohne Leidenschaft vollbracht worden. Unser Sport ist sehr hart. Man muss die Flamme in sich spüren, um einen solchen Vulkan mit der Kraft seiner Waden zu bezwingen. Gestattet mir jedoch eine Frage: Denkt ihr, dass ein Mensch, der sich von seinen Gefühlen leiten lässt, Herr seines Geschicks ist? Ihr seid voneinander verschieden, das ist eine Tatsache. Aber müssen deshalb zwischen euch gleich Differenzen herrschen?«

»Kannst du nicht mal mit der Fragerei aufhören, Sokrates?«, unterbricht ihn Aristoteles aggressiv und hebt die Nase aus dem Nudelteller. »Du sagst, du möchtest eine Frage stellen, und schon stellst du zwei. Dann verwendest du rhetorische Tricks, machst Wortspiele und das alles nur, um deine Zuhörer zu verwirren. Und weißt du, so ist das immer bei dir: Wenn du ›philosophierst‹, geht es dir nicht darum, verstanden zu werden, sondern eher im Gegenteil! Wie soll man deine Philosophie ernst nehmen, wenn du dich dafür nur rhetorischer Figuren und Ausflüchte bedienst? Wie willst du dem Leser den Sinn dieses Buches vermitteln, wenn dein einziges Ziel darin besteht, ihn zu verwirren? In Wahrheit philosophierst du, wie du pedalierst: als Sophist und das heißt ins Leere!«

Noch nie hat Aristoteles in diesem Ton zu Sokrates gesprochen. Er lässt es sich nicht anmerken, aber ein wenig Angst hat er schon vor dem Mann, der seit einem Jahrzehnt die Galionsfigur des griechischen Radsports ist. Er fürchtet die Reaktion seines Mannschaftskapitäns… Aber es kommt keine. Sokrates gießt sich seinen Löffel voll mit Olivenöl und leert ihn in einem Zug. Das ist alles.

Daraufhin erwartet Aristoteles die Reaktion Platons in Verteidigung seines Meisters. Nun ist der Schützling an der Reihe, seinen Beschützer in Schutz zu nehmen, denkt er. Tatsächlich hört Platon auf, den Vulkan zu betrachten, und dreht sich um. Sein Blick ist düster, seine Stimmung aggressiv. Aristoteles rechnet mit dem Schlimmsten. Doch, oh Wunder, es ist Sokrates, den er angreift.

»Aristoteles hat recht«, beginnt Platon. »Du spielst den großen Weisen, Sokrates. Aber vor allem bist du ein großer Schwindler! Ist es in deinen Augen Philosophie, sprachliche Tricks zu verwenden, um deine Zuhörer in die Irre zu führen?

Eine Sache behaupten und danach ihr Gegenteil, um sie zum Paradox zu erklären? Du weißt, dass ich dich auf und abseits des Rades immer verteidigt habe. Ich habe dich immer aus dem Wind genommen, wenn es notwendig war. Ich habe dich immer vor strategisch wichtigen Stellen in die Position gebracht, in die du gebracht werden wolltest. Und ich habe deine Leistungen immer gegenüber den Medien herausgestellt, weil du mir sagtest, auch ich würde davon profitieren. Aber nun ist das Maß voll! Mir ist klargeworden, dass am Ende immer nur du es bist, der im Rampenlicht steht und dem bei der Bergankunft oben auf dem Gipfel zugejubelt wird; ich dagegen, der Arbeiter in deinem Schatten, ein Gefangener meiner Rolle als Helfer, habe kein Recht auf die geringste Anerkennung! Dauernd wiederholst du, meine Stunde werde irgendwann kommen. Aber mehr und mehr wird mir bewusst, dass ich nie den Weg an die Spitze finden werde, wenn ich mich nicht selbst aufdränge und durchsetze. Indem du uns gegeneinander ausspielst, Aristoteles und mich, versperrst du uns beiden den Weg. Nie ergreifst du für jemand Partei, mit deinen vagen Reden lässt du uns im Unklaren, und alles mit dem Ziel, Zwietracht in deiner eigenen Mannschaft zu säen. Teile und herrsche, das ist deine Strategie! Oh, was hat der große Sokrates doch für eine schöne Philosophie... Was für ein großer Kapitän. Was für ein Vorbild für alle Nachwuchsfahrer! Und dann noch zu behaupten: ›Philosophieren heißt sterben lernen‹? Ha! Wie absurd ist das denn? Denn gleichzeitig wiederholst du immerzu, die Philosophie sei eine Praxis! Vor Nonsens ist dir offenbar nicht bange. Und dann komme ich auch noch mit meinem ›Radfahren heißt sterben lernen‹: Was für ein Idiot ich doch bin... Nein, was für ein Idiot ich doch *gewesen* bin, denn damit ist jetzt Schluss. Platon darf nicht länger für dumm verkauft werden. Von jetzt an folge ich meinem eigenen Weg, meinem Weg an die Spitze. Philosophieren heißt lernen, sich zu emanzipieren. Meine Pedaltritte gehören mir. Du willst uns weismachen, dass Aristoteles und ich von Emotionen gesteuerte Männer seien? Kann sein, aber dann erlaube mir, dir zu sagen, dass du ein Fahrer der Vergangenheit bist. Die Jugend an die Macht! Nicht wahr, Aris?«

Aristoteles reagiert nicht. Er traut kaum seinen Ohren. Ist das Platon, der bedingungslose Jünger, der da gerade den Aufstand gegen seinen Meister probt? Vielleicht ist die Anstrengung am Ätna zu heftig gewesen und die Strapaze hat Aristoteles' Sinne getrübt... Nein, es ist tatsächlich so: Platon hat soeben Vatermord begangen. Und so beginnt in der griechischen Mannschaft eine Umwälzung der Hierarchien, es entwickelt sich ein neues Verhältnis der Kräfte, obwohl es immer als ausgemachte Sache galt, dass Sokrates der unangefochtene Kapitän bei der Tour sein würde. Manchmal ist der Radsport wirklich kompliziert, bisweilen sogar noch komplizierter als die Philosophie.

Während Platon noch unter dem Schock des soeben begangenen Vatermords Luft holt, stößt Sokrates, der sich alles ruhig, gleichmütig und ohne eine Spur von Verärgerung angehört hat, sein charakteristisches Hüsteln aus und ergreift das Wort.

»Meine Freunde, ich habe euch verstanden. Ich höre die Vorwürfe, die ihr mir macht. Ich gestehe, mein Verhalten kann erstaunen, wenn nicht sogar verärgern. Mein Dämon ist es, der irritierend sein kann... Es ist euer gutes Recht, diesen Dämon erlegen zu wollen. Ihr habt das Recht, Idole stürzen zu wollen, mich stürzen zu wollen. Ich werde euch sogar ein Geständnis machen: Auf diesen Moment habe ich gewartet, auf den Moment, an dem ihr mich loswerden wollt. Du, Platon, behauptest, dass meine vagen Worte allein dem Ziel dienen, unter euch, meinen jungen Mannschaftskameraden, Verwirrung zu stiften, so dass niemand von euch stark genug werde, meinen Status als protegierter Fahrer infrage zu stellen. In Wahrheit aber ist genau das Gegenteil der Fall: Wenn ich niemals Urteile fälle, wenn ich mich damit begnüge, immer Fragen zu stellen, dann, um euch die Freiheit zu geben, euch einzumischen, euch frei zu äußern, eure eigenen Antworten zu finden. Ich denke, dieser Zeitpunkt ist gekommen: Für euch ist die Zeit gekommen, fortan selbst zu denken und selbst Rad zu fahren. Ich verkünde hiermit feierlich: Ich habe beschlossen, mich aus dem velosophischen Leben zurückzuziehen.«

Aristoteles bittet Sokrates, das soeben Gesagte zu wiederholen. Was denkt er sich nur dabei, sich wenige Monate vor der Tour, dem Höhepunkt seiner Karriere, aus der Mannschaft zurückzuziehen? Das ist ein Schock, ein Erdbeben geradezu! Wäre der Ätna ausgebrochen, hätte es Aristoteles und Platon kaum stärker erschüttern können. Sicher, sie haben mit aller Kraft gegen den übermächtigen Einfluss Sokrates' auf die Mannschaft aufbegehrt, doch haben sie dabei nie die Absicht gehabt, Sokrates aufs Altenteil zu drängen. Sie wollten die Dinge nur klarstellen, damit der Leser im Bilde sei. Jetzt haben sie die Verwirrung nur größer gemacht. Denn trotz einiger interner Unstimmigkeiten war der Saisonbeginn für die griechischen Fahrer optimal verlaufen. Der Weggang Sokrates' dagegen ist ein wahrer Selbstmord. Was sollen die Griechen bei der Tour ohne ihren erfahrensten und besten Fahrer nur anstellen? Das kann ihnen Sokrates nicht antun!

»Und dennoch muss ich euch sagen: Mein Entschluss steht fest, ich ziehe mich zurück.«

»Aber warum denn?«

»Weil ihr von nun an selbst in der Lage seid, zu velosophieren. Seht ihr, als ich euch sagte ›Philosophieren heißt sterben lernen‹, wollte ich damit andeuten, dass die Philosophie das Ziel hat, den unsterblichen Teil in uns zu erkennen. Mehr nicht. Ich sehe, ihr habt euch der Frage angenommen: Du Platon, indem du proklamiertest, *Radfahren* hieße sterben lernen, insofern als velozipedische Fortbewegung uns paradoxerweise von unserem Selbst löst. Und du, Aristoteles, durch deine Behauptung, ein Radsportler habe allein den Sieg zum Ziel, der seinerseits eine andere Form von Unsterblichkeit ist. Ihr habt Stellung bezogen. Eure Positionen sind einander entgegengesetzt – auch im körperlichen Sinne. Ihr habt euch mir entgegengestellt. Das ist gut. Denn ich werde euch sagen, was Philosophieren in Wahrheit ist: Philosophieren heißt interpretieren. Es bedeutet eben nicht, die Welt verstehen zu wollen, und noch weniger bedeutet es, sie verändern zu wollen – nein, es heißt, sich persönlich eines Problems anzunehmen, um schließlich eine eigene Sichtweise zu liefern. Gewiss sind die allgemeinen philosophischen Theorien wichtig, noch wichtiger aber ist es, diese Theorien selbst zu erfahren. Philosophie will erlebt werden. Erleben, statt ellenlange Abhandlungen zu verfassen. ›… heißt sterben lernen‹ also. Ihr werdet verstanden haben: Das wichtigste Wort in diesem Satz ist ›lernen‹ – eine Aktivität, die definitiv auf der Seite des Lebens stattfindet. Ihr habt in den letzten Monaten viel gelernt, so viel, dass es nun für mich an der Zeit ist zu sterben, um euch das Feld zu überlassen. Und an euch, die Nachfolge anzutreten. Es ist eure Tour!«

Nach diesen Worten erhebt Sokrates sich, immer noch mit der gleichen Ruhe, die er seine gesamte Rede über bewahrt hat. Er geht auf die kleinen Tafeln zu, auf denen die philosophischen Maximen geschrieben stehen, die das Leben der Griechen in ihrem Trainingslager bestimmt haben. Unter den ungläubigen Blicken von Aristoteles und Platon nimmt er eine Tafel nach der anderen ab, bis auf eine: »Der Jugend ist nichts zu schwer.«

Wie versteinert bleiben die jungen Fahrer sitzen, als Sokrates den Raum verlässt. Platon unternimmt noch einen schwachen Versuch, seinen Kapitän aufzuhalten... Mit einem Blick gibt dieser ihm zu verstehen, dass es zwecklos ist, ihn von seiner Entscheidung abbringen zu wollen.

Bevor er das Rifugio Sapienza verlässt, sorgt Sokrates noch dafür, dass er sein Rad zurückbekommt. Seltsamerweise stürzt er sich draußen nicht in die Abfahrt, sondern folgt dem Schotterweg hinauf zum Krater des Vulkans. Platon und Aristoteles schauen ihm hinterher, als er in den Wolken verschwindet, und werfen sich von Zeit zu Zeit fragende Blicke zu.

Sokrates ist außer Sichtweite. Beunruhigt und ratlos machen sich Platon und Aristoteles auf die Suche nach ihm und irren auf den Höhen des Vulkans herum. Sie rufen seinen Namen. Ihre Stimmen werden vom heftigen Wind davongetragen, der über die Berghänge streicht. Sie suchen einen menschlichen Umriss. Nichts als Nebel.

Am Rande des Kraters entdeckt Platon einen einzelnen Radschuh, Sokrates' Schuh. Sollte dieser sich tatsächlich wie Empedokles in den Vulkan gestürzt und umgebracht haben? Platon fühlt ein ungeheures Gewicht auf seinen Schultern lasten. Das Gewicht des Verlustes. Die Last der Hoffnungen des griechischen Radsports, die er bei der nächsten Tour de France wird tragen müssen.

Einige Wochen später tritt die griechische Mannschaft – ohne Sokrates – bei den Frühjahrsklassikern an: Flandern-Rundfahrt, Paris-Roubaix, Flèche Wallonne, Lüttich-Bastogne-Lüttich... Trotz des intensiven Trainings an den Flanken des Ätna, das sie in eine beachtliche körperliche Verfassung gebracht hat, sind die Ergebnisse nicht wie erwartet. Gute Beine zu haben, reicht nicht immer... Nicht, dass die Griechen sich übertölpeln lassen würden oder mit zu großem Selbstvertrauen gestartet wären – ihnen fehlt einfach nur die nötige Erfahrung für diese Rennen, von denen es heißt, nach zehn Teilnahmen beginne man erst, sie zu beherrschen. Schlechte Einteilung der Kräfte, Fehler bei der Verpflegung, falsche Bekleidungswahl, an strategisch wichtigen Punkten ungünstig positioniert: allesamt Dinge, die Platon und Aristoteles noch lernen müssen.

Die deutschen Fahrer dagegen sind immer noch nicht in der Form ihres Lebens. Immerhin zeigen sie sich von einer besseren Seite als ganz zu Saisonbeginn. Ihre relativen körperlichen Defizite kompensieren sie mit bemerkenswerter taktischer Finesse. Höhepunkt der Klassiker: der Sieg von Altich bei der Flandern-Rundfahrt nach einem mustergültigen Rennen, bei dem Marx sich geschickt mit der frühen Fluchtgruppe absetzt, um dem deutschen Rouleur im Finale beiseite zu stehen. Mit einem Teamkollegen vorne an der Spitze braucht Altich selbst keine Kräfte zu verschwenden, um die Ausreißer zurückzuholen, was ihm dann am Ende genug Frische für den Zielsprint lässt, den er aus einer kleinen Gruppe heraus mit einem perfekten Manöver für sich entscheidet. Obschon Einstein von seinem Posten als Teammanager zurückgetreten ist, scheinen seine Ideen die Mannschaft noch zu prägen.

Die Ehre der deutschen Mannschaft ist also wiederhergestellt. Sie kann nun zuversichtlich in die Trainingsvorbereitungen für die Tour einsteigen. Die Griechen ihrerseits sind bei den Frühjahrsklassikern zwar eindeutig geschlagen geworden, aber keineswegs niedergeschlagen. Die Missgeschicke vermögen ihre Motivation nur zu verdoppeln. So ist das mit der Jugend! Bis zum großen Ereignis im Juli bleiben noch zwei Monate. In der Vorbereitung wird nun ein Gang hochgeschaltet.

WIE SCHAFFT MAN ES, SOLCHE BERGE SCHEINBAR MÜHELOS ZU BEZWINGEN?

»Das Leben ist die Gesamtheit jener Funktionen,
die dem Tod widerstehen.«

Xavier Bichat

Möglicherweise erstaunt es Sie, dass ich der Vorbereitung der Sportler auf die Tour so viel Raum gebe? Tatsache ist, dass der Alltag eines Radrennfahrers nun mal hauptsächlich aus

Trainieren besteht. Auf neunzig Renntage im Verlauf eines Jahres kommen zweihundertvierzig Tage Training. Hinter einer Höchstleistung von fünf Minuten, die ein Rennen, eine Saison, eine Karriere entscheiden können, stecken unermüdliche Wiederholungen, die man allein zu Hause absolviert.

Der Zuschauer sieht während eines Rennens nicht, was sich hinter dem Vorhang abspielt. Wenn man verfolgt, wie die Fahrer in den Bergen scheinbar mühelos Pässe mit zweistelligen Steigungsprozenten bewältigen, lässt das den Schluss zu, dass Radsport am Ende nicht so kompliziert sein kann: Man muss nur die Pedale herumbekommen. Ach, wenn es so leicht wäre...

»Hartes Training, leichtes Rennen«, lautet ein geläufiger Ausdruck. Der Radsportler ist im Wettkampf wie ein Turner. Beinahe lächelnd vollführt er äußerst anstrengende und schwierige Darbietungen mit einer Selbstverständlichkeit, als geschähe es instinktiv. Der Zuschauer sieht in der Tat nur die Spitze des Eisbergs.

Der Teil unter Wasser ist aber erheblich wichtiger, denn unter der Oberfläche lauern die Riffe. Die Liste der Gefahren, an denen man scheitern kann, ist lang, fast endlos. Da sind natürlich die körperlichen Zipperlein: Verletzungen, Krankheiten, Sitzbeschwerden... Dann die Unwägbarkeiten, mit denen man zurechtkommen muss: Pech, technische Probleme, Stürze... Momente von Zweifel, Stress, Müdigkeit und Langeweile sind gleichfalls Teil des Alltags, genau wie negative Aspekte der Gruppendynamik: Spannungen im Team, Konkurrenz, die lange Zeit, die man fern der Familie ist...

Die Vorbereitung eines Radsportlers gleicht einem Hindernislauf. Und in Anbetracht all der Hürden wirkt der Athlet wie ein ewig Unzufriedener. Es gibt immer etwas, das nicht funktioniert, immer etwas, das besser laufen könnte. Die große Stärke der Champions liegt in ihrer Fähigkeit, aus ihrer Unzufriedenheit Profit zu ziehen, sich Problemen, denen sie begegnen, zu stellen, um sie besser zu überwinden – um sich selbst besser zu überwinden. Verwenden wir dafür ruhig einen Modebegriff: Resilienz.

Altich beweist Resilienz, wenn er nach einem verkorksten Saisonstart die Flandern-Rundfahrt gewinnt. Platon und Aristoteles beweisen Resilienz, wenn sie, von Sokrates verlassen, nach einer ergebnislosen Klassikersaison ihre Vorbereitung auf die Tour mit noch größerer Energie angehen.

»Was mich nicht umbringt, macht mich stärker«: Auch diese Formel ist in Mode. Wenige Menschen wissen, dass sie von Nietzsche stammt und weniger psychologisch denn physiologisch zu verstehen ist. Sie beschreibt nämlich präzise, worum es im Training des Sportlers geht.

Immer zu Saisonbeginn plagte mich in meinen beiden ersten Jahren als Profi eine Knieverletzung, einmal musste ich sogar operiert werden. Mehrere Monate lang konnte ich eigentlich nicht trainieren. Man sagte mir schon eine verlorene Saison voraus. Ich bekam zu hören, dass die verpasste Grundlagenarbeit des Winters nicht mehr aufzuholen sei. Doch letztlich schaffte ich mehr, als den Rückstand lediglich aufzuholen: Ich übertraf das Niveau, das ich bei einer herkömmlichen Vorbereitung gehabt hätte. Meine Zwangspausen zu Saisonbeginn haben mir jedes Mal ermöglicht, am Saisonende stärker zu sein – stärker, als ich es gewesen wäre, hätte es diese Rückschläge nicht gegeben. Menschen brauchen einen Dorn, der sie anstachelt, um vorwärtszukommen. Der Körper braucht einen Angriff, um sich zu stählen.

Woher kommt dieses physiologische Wunder? Wie erklärt man dieses Paradox, dass aus etwas Schlechtem das Bessere gedeiht? Erneut möchte ich die Intelligenz des Körpers anführen, der in der Lage ist, sich vor einer möglichen Wiederholung zu wappnen, wenn er einen Angriff erfährt. Sehen Sie selbst: Ein gebrochener Knochen bricht nie wieder an derselben Stelle, weil der Körper den betroffenen Bereich gestärkt hat. Desgleichen zeigt sich ein Organismus nach einem kleinen Virusinfekt anschließend widerstandsfähiger, ähnlich wie nach einer Impfung.

Das Training eines Sportlers basiert auf dem gleichen Prinzip. Trainieren bedeutet, seinen Körper zu ermüden, dessen Reserven anzugreifen, damit er später, in der Erholungsphase, diese Reserven wieder aufbaut – und dazu noch einen kleinen Überschuss als Notreserve. Sportler bezeichnen diesen Effekt mit dem berühmten Begriff der »Superkompensation«. Und nun wissen Sie auch, dass Nietzsche der heimliche Urheber dieser Theorie ist!

VERBERGE DAS NICHTS, DAS ICH NICHT SEHEN KANN

In den wilden, majestätischen, furchteinflößenden Pyrenäen ist ein Mann mit dem Fahrrad unterwegs. Er fährt einen häufig unterschätzten Pass hinauf, den Port de Balès. Er ist einsam, göttlich einsam. Nicht ein Geräusch, nicht eine Menschenseele. Kahle Gipfel, so weit das Auge reicht. Der Radfahrer fühlt sich gut.

Dieser Radfahrer heißt Pascal. Als frühreifes Kind saß Pascal schon sehr bald auf dem Rad. Er erinnert sich, dass er mit gerade einmal drei Jahren durch die Straßen seiner Geburtsstadt Clermont rollte. Den Puy de Dôme erklomm er erstmals mit sieben Jahren. Mit zwölf machte er auf zwei Rädern regelmäßig Ausflüge von hundert Kilometern über die Berge der Auvergne und dehnte den Umkreis seiner Exkursionen immer weiter aus.

Pascals Leidenschaft fürs Radfahren hat nie nachgelassen. Auch als Erwachsener fuhr er weiterhin beinahe täglich, parallel zu seiner Tätigkeit als berühmter Theologe. Nachdem er nach Paris gezogen war, radelte er über die kleinen Buckel der Chevreuse oder folgte der Seine, als wolle er all ihre Schleifen auswalzen. Was er aber am meisten liebte, das waren die Berge mit ihren langen Anstiegen, an denen man sich selbst fordern musste. Sobald Pascal dazu die Gelegenheit hatte, floh er – natürlich mit dem Rad – aus Paris in sein geliebtes Zentralmassiv, in die Alpen, die Pyrenäen oder noch weiter hinaus.

Radfahren ist ein mühseliger Sport und viele Kollegen wunderten sich daher, dass ein Intellektueller seines Kalibers Vergnügen daran finden konnte, diese Höllenmaschine zu besteigen, wo ihn doch nichts dazu zwang. Aber Pascal wusste, warum er Rad fuhr. Er hatte keine Angst, zu leiden. Seiner Meinung nach war Leiden unser aller gemeinsames Los. Der Mensch ist von Natur aus krank, sagte er oft. Und Pascal dachte, dass man diesen Umstand, statt ihn zu verschleiern, lieber bejahen und mit offenen Armen annehmen sollte. Und was wäre dafür besser geeignet, als die Straßen von Frankreich und Navarra allein mit der Kraft seiner Waden zu befahren?

Pascal trat in die Pedale, damit er diese Spannung in seinen Muskeln während der Anstrengung fühlen konnte, diesen elektrischen Schlag, der morgens beim Erwachen den Körper durchzuckt, diese ständige Erschöpfung, aus der ein gewohnter Zustand wird. Wenn Pascal Rad fuhr, war es, um sich zu lösen, um zu träumen und zu meditieren, um mit den großartigen Landschaften um ihn herum zu verschmelzen – und mit dem, der all das erschaffen hat.

Und darum ist Pascal glücklich, wenn er den Port de Balès hinauffährt. Er weiß, dass über dem Schmerz, der in den Schenkeln brennt, eine höhere Ordnung waltet. Genau wie auch über diesem Anstieg, gegen den er ankämpft und der droht, ihn in den Abgrund zu reißen. Genau wie über diesen Gipfeln, die in der Ferne von der Sonne erleuchtet werden. Kletternd und leidend fährt Pascal einsam und fröhlich diesem Gott entgegen, der ihn erwartet.

In diesem Augenblick hört er das Geräusch eines Schaltwerks hinter sich. Pascal erschrickt. Ein Radsportler überholt ihn im Wiegetritt! Der andere Fahrer zieht wortlos an ihm vorbei, ohne ihn eines Blickes zu würdigen. Pascal ist beleidigt. Er beschleunigt, holt alles aus seinen Lungen raus, um wieder auf Höhe des unverschämten Kerls zu kommen. Nach einer enormen Anstrengung ist er in Rufweite und hechelt: »Wer bist du... mein Freund? Und warum... warum kletterst du so schnell? ... Das ist ja übermenschlich! Möchtest du nicht lieber... langsamer machen? ... Das Panorama ist atem... atembera... göttlich!«

»Man nennt mich die Kobra, wegen meiner scharfen Attacken am Berg«, antwortet der andere Radfahrer, ohne im Geringsten außer Atem zu sein. »Oder den Adler von Sils Maria, weil ich die Anstiege nur so hinauffliege. Oder auch Zarathustra, den Kletterer mit den entfesselten Beinen. Mein echter Name aber ist Nietzsche. Du fragst mich, warum ich so schnell klettere. Die Antwort ist einfach: Ich bereite mich gerade auf die nächste Tour de France vor, die über diesen Pass führt. Was aber das göttliche Panorama angeht, von dem du sprichst, muss ich mich wundern. Weißt du denn nicht, dass Gott tot ist? Weißt du denn nicht, dass es keine Ordnung mehr gibt, seit wir ihn getötet haben, nichts Heiliges mehr? Radfahren um des Radfahrens willen ist vergebliche Mühe. Man kann weder eine Landschaft anbeten, noch ein göttliches Werk bestaunen. So wie du, als Radtourenfahrer, strampelt man nur ins Leere. Anstrengung ohne ein Ziel ist sinnlos. Wie alles andere auch übrigens...«

»Aber wenn Gott nicht existiert, dann wäre ja alles erlaubt...«, sorgt sich Pascal.

»In der Tat, alles ist erlaubt! Wenn alles nur Leere und Wahn ist, dann haben wir Menschen die Pflicht, diese Leere zu füllen und ihr einen Sinn zu geben. Wir haben Gott entthront. Wir müssen herausfinden, wodurch wir ihn ersetzen. Wir müssen neue heilige Spiele erfinden. Deshalb nehme ich an der Tour teil. Denn siehst du, der Wettkampf ist mein neues Absolutes. Ein Absolutes, das ich mir ausgesucht habe. Aber genug der

Lyrik, ich muss trainieren. Ich verlasse dich und erinnere dich daran, Tourist: Es ist gut, seiner Neigung zu folgen, Hauptsache es geht aufwärts!«

So sprach Zarathustra… um dann umgehend in den Wiegetritt zu gehen und Pascal einfach stehen zu lassen. Dieser ist von den Sätzen, die er gerade gehört hat, dermaßen niedergeschlagen, dass er nicht einmal den Versuch unternimmt, nachzusetzen. Wie er Nietzsche so in den Kehren des Port de Balès davoneilen sieht, fragt er sich, welche Gründe ihn selbst gedrängt hatten, seit der frühesten Kindheit so viel Fahrrad zu fahren. Könnte dieser Prophet in kurzen Radshorts etwa recht haben? Konnte die göttliche Ordnung eine Illusion sein? Könnte es sein, dass keine höhere Instanz über die Geschicke dieser Welt wachte, dass großartige Landschaften nichts bedeuteten und Leiden sinnlos war?

Stück für Stück versinkt Pascal weiter im Nichts. Eine tiefe Erschöpfung erfasst ihn. Er spürt nicht mehr die geringste Kraft, in die Pedale zu treten, nicht mehr die geringste Lust. Wozu auch? Eitelkeit der Eitelkeiten. Alles ist eitel!

Nietzsche ist längst außer Sicht. Pascal ist wieder allein, allein und verzweifelt. Ungleichmäßig tritt er in die Pedale, so langsam, dass er bei jeder Pedalumdrehung fast das Gleichgewicht verliert… Er sieht sich um. Keine Menschenseele, kein Geräusch. Nur die erdrückende Leere der Berge. Die Sonne brennt heller und heller, ohne etwas Neues zu bieten. Eine schwarze Sonne.

Plötzlich steigt Pascal ab. Das Gefühl der Leere wandelte sich in Beklemmung. Panisch wirft er sein Rad an den Straßenrand und schreit: »Die ewige Stille dieser unendlichen Räume macht mir Angst!«

Einige Momente lang bleibt er völlig erschöpft neben seinem Rad sitzen, wartet auf einen Ruf, einen Ausweg. Aber keine Stimme ist zu hören. Vielleicht ist Gott tatsächlich tot...

Pascal überlegt, ins Tal zurückzukehren, in die Zivilisation, zurück zu den Menschen. Mit dem Radtourenfahren ist es vorbei, das spürt er. Vielleicht kann er sich ein anderes Ziel suchen: Liebe, Kunst, Politik, gutes Essen, Sex... Ganz egal, Hauptsache, es verschafft ihm einen Grund zur Existenz. Er könnte ja auch seine Karriere als Theologe vorantreiben. Schließlich braucht man nicht an Gott zu glauben, um über ihn zu reden... Jede Aktivität ist ihm recht, Hauptsache, sie lenkt vom Nichts ab, das ihn erdrückt.

Dann kommt ihm wieder der Gedanke an das, was ihm diese seltsame Erscheinung – dieser Nietzsche – erzählt hat, nämlich dass er sich auf die nächste Tour de France vorbereite und dass der Wettkampf sein neues Absolutes sei. Pascal hat Radrennen immer für oberflächliche und triviale Angelegenheiten gehalten. In seinen Augen fehlte ihnen die Würde seiner kontemplativen velozipedischen Träumereien. Aber wenn am Ende alles sinnlos ist, dann sind Radrennen ja auch nicht dümmer als alles andere. Zumindest ist ihre Trivialität offensichtlich. Jeder weiß, dass es »nur ein Spiel« ist. Man tut nur als ob.

Peu à peu keimt ein Gedanke in ihm auf: »Warum sollte nicht auch ich an dieser berühmten Tour de France teilnehmen? Das Leben ohne Gott ist ein elendes. Nur kann Gott nicht länger die

Lösung sein. Über die Leere, die sein Verschwinden hinterlassen hat, muss ich einen Schleier ausbreiten. Was gäbe es Schöneres als die große Messe im Juli, um die Religion zu ersetzen? Was wäre besser geeignet als das große Sommertheater, um die Angst zu verjagen, die das Bewusstsein dieser Leere erzeugt hat?« Pascal hat ein neues Ziel gefunden, um den Nicht-Sinn aufzufangen: Auf zu den Champs-Élysées!

Und so verwandelt sich der einstige Radtourenfahrer in einen Radrennfahrer. Er hebt sein Rad wieder auf, richtet die Sonnenbrille, schließt sein Trikot und nimmt im Wiegetritt Anlauf zum Gipfel, fest entschlossen, Nietzsche einzuholen, fest entschlossen, sich dem Peloton der Tour anzuschließen.

WOZU RADSPORTLER SEIN?

»Die wahre Weisheit ist Unwissenheit,
die sich ihrer bewusst ist.«
MICHEL DE MONTAIGNE

Während meiner Universitätsjahre habe ich mehrfach zu hören bekommen, dass ich mich zwischen Sport und Studium entscheiden müsse, womit stillschweigend gemeint war, dass Radrennfahren nur das Spiel eines verträumten Heranwachsenden sei, aber sicher keine ernsthafte Tätigkeit. Da ich als Student gute Noten hatte, sollte ich natürlich den Weg der Vernunft einschlagen und den Radsport auf höherem Niveau aufgeben.

Wenn ich beide Dinge zu hundert Prozent verfolgte, so würde ich riskieren, mir »wie Ikarus die Flügel zu verbrennen«, sagte mir eines Tages ein Psychologe.

Legen nicht Leute, die derartige Reden schwingen, die Lunte, die solche Flügel schmelzen lässt? Sind sie es nicht, die Energie ersticken und große Ziele auslöschen? Mit ihrer selbstzufriedenen Haltung anerkannter Intellektueller, weit oben über den Wolken, versuchen diese Pseudo-Pädagogen, ihre Stellung zu verteidigen. Um dies zu erreichen, erklären sie uns, dass die wichtigsten Produkte stets jene seien, die der Geist hervorbringt. Gedanken, Werte, Theorien... Das seien die Grundfesten, an denen man sich immer festhalten könne. Körperliche Tätigkeiten und handwerkliche Arbeit hingegen seien trivial, weil beschränkt und vergänglich; darum müsse man sie aufgeben, sobald man die Möglichkeit bekommt, »etwas Besseres« zu tun.

Diese ungerechte Verachtung, mit der meiner Meinung nach körperliche Aktivität bedacht wird, habe ich schon erwähnt. Ich werde jetzt erklären, weshalb sie in Wirklichkeit die größere Würde besitzt, und warum ich den Radsport zu meinem Beruf gemacht habe, obwohl mich nichts dazu zwang.

Ich glaube nicht an das Absolute. Ich schließe mich keinen Systemen an, seien es philosophische oder andere, die behaupten, uns definitiv die Welt zu erklären. Ich glaube nicht, dass dem Universum eine Ordnung zugrunde liegt, und ich glaube auch nicht an irgendeine andere geistige Macht. Ich bin ziemlich pessimistisch. Meiner Meinung nach besitzt nichts einen Wert an sich. Nichts hat einen Sinn. Camus behauptet, die einzige wirkliche philosophische Frage, die sich stelle, sei die des

Selbstmords. Ich schließe mich seiner Meinung an. Sein oder Nichtsein, das ist die Frage. Die einzige wirkliche Frage.

Und darauf antworte ich, dass man trotz alledem zu sein hat. Nicht, weil es mir ein höheres Wesen befiehlt. Nicht, weil meine Existenz einem geheimen Plan folgt. Ich glaube nicht an ein vorherbestimmtes Schicksal. Wenn ich sein muss, dann weil ich bin, weil ich existiere – so absurd dieser Satz klingen mag. Ich bin in diese Existenz eingespannt, ohne zu wissen warum, ja, sogar im Bewusstsein, dass ich nie die Gründe für dieses Warum erfahren werde. Also kann man sein Bemühen ebenso gut fortsetzen. Aufgeben hingegen hieße, einer Sache einen Sinn zu verleihen, den sie nicht besitzt.

Das Leben ist nur eine Illusion? Dann lasst uns die Illusion annehmen! Alles ist relativ? Dann lasst uns eine bestimmte Perspektive einnehmen und sie ausleben. Tun wir so, als habe das Leben ein Ziel – geben wir selbst ihm dieses Ziel.

Die wahre Weisheit besteht nicht darin, die Kunstgriffe zu entlarven, die uns vor der Erkenntnis des Nichts bewahren, so wie es Pascals »Halbgelehrte« taten und gewisse Wissenschaftler es mit ihrem überheblichen Gehabe immer noch tun. Die wahre Weisheit liegt darin, das Nichts zu betrachten und daraus den Schluss zu ziehen, es mit einem Schleier zu bedecken. Die Bräuche und Sitten einer Gesellschaft befolgen, auch wenn man weiß, dass nichts sie rechtfertigt. Mitten im Leben stehen und sich gleichzeitig eingestehen, dass es nur ein Marionettentheater ist, in dem jeder seine Rolle spielt.

Genau das ist die tiefe Weisheit, die viele Menschen besitzen, die von ihrer Hände Arbeit leben. Sie wissen um die hohle Sinnlosigkeit der Spielregeln und nehmen dennoch mit der Illusion vorlieb. Das Besondere dieser Weisheit ist, dass sie sich nicht zeigt. Paul Valéry sagte, die größten Genies müssen unerkannt bleiben. Wie viele Bäcker, Maurer oder Schäfer sind nicht in Wahrheit Gebildete im Sinne Pascals? Wie viele vermeintlich Schwachsinnige sind wahrhafte Zauberkünstler? Verachtet nicht die Handwerker, die Menschen im Schatten, die Schweigsamen, denn vielleicht verachten sie euch, ohne dass ihr es ahnt. Vielleicht haben sie, um es mit den Worten Pascals auszudrücken, einen »Hintergedanken«.

Verstehen Sie mich nicht falsch: Ich behaupte nicht, alle Geistesmenschen seien Hohlköpfe, ebenso wenig wie ich behaupte, alle Tatmenschen seien Genies. Man kann durchaus Philosoph sein, ohne sich zu ernst zu nehmen, genau wie man Radsportler oder Bäcker sein kann und die trivialen Aspekte seines Berufs vergisst. Was ich unterstreichen möchte, ist, dass es wichtig ist – ob man nun geistiger oder körperlicher Arbeit nachgeht –, zu seinen Worten und Taten einen gewissen Abstand zu gewinnen. Anders gesagt: dass man sie sich nicht zu Kopf steigen lässt…

Warum habe ich dann eher den Weg des Radsports als den der Philosophie eingeschlagen? Weil die Gefahr übertriebenen Ernstes dabei geringer ist. Wie jeder weiß, ist Sport ein Spiel. Dieser Umstand stellt von vornherein eine Brechung dar, die einen vor der Versuchung des Verabsolutierens schützt, jedenfalls mehr, als eine Abhandlung über Metaphysik es tut!

Wie wichtig Sport auch sein mag, niemand wird behaupten, ein Fußballspiel, ein Radrennen oder ein Boxkampf seien

Naturereignisse. Jeder weiß, dass diese Ereignisse ohne die veranstaltenden Institutionen, die ihnen erst ihren Wert verschaffen, so nicht existieren würden. Dieser Wert wird als kulturell gegeben angesehen: Die Illusion ist perfekt, das Triviale erfährt offizielle Anerkennung. Genau wie die Griechen an ihre Mythen glaubten, ohne sich von ihnen täuschen zu lassen, tun wir ebenfalls so, als glaubten wir an den Sport, und vergessen dabei nie, dass es sich um ein menschliches Konstrukt handelt. Wir spielen das Spiel, weil es uns Freude macht und unterhält. Oder, wie Kinder es ausdrücken: »nur zum Spaß«.

Darum fahre ich Fahrrad: Weil dieses Objekt Geschichten erzeugt, in denen ich gleichzeitig Zuschauer und Handelnder bin. Und denen wiederum andere Menschen folgen, wie man sich eine Fernsehserie ansieht. Wenn schon alles Illusion ist, dann sollte man die Fiktion auch ausleben. Dafür scheint mir derzeit der Radsport am besten geeignet.

Der Radsport... und in gleichem Maße auch das Schreiben. Denn auch hier ist es mir erlaubt, in meiner Existenz gewissermaßen einen Ausfallschritt zu machen, ohne sie ganz zu verlassen. Geschichten erfinden, mit Worten und Ideen jonglieren – das sind alles ausgezeichnete Möglichkeiten, um diese spielerische Brechung zu erzeugen, die ich als notwendig empfinde. Vorausgesetzt, dass man als Autor seine eigenen Worte nicht zu ernst nimmst und Humor beweist. Vorausgesetzt, dass man im Reich der Fantasie bleibt, im Reich der Fabel.

Warum ich *Sokrates auf dem Rennrad* schreiben wollte? Um zu spielen, sonst nichts. Und das ist schon eine Menge.

MÖGEN DIE SPIELE BEGINNEN, MÖGE DIE TOUR BEGINNEN

Es ist so weit. Nach monatelangem Training, nach den üblichen Streckenbesichtigungen, Höhentrainingslagern und Vorbereitungsrennen sind wir angekommen: In wenigen Tagen findet in Düsseldorf der *Grand Départ* der Tour statt.

Die ganze Stadt ist in Aufruhr. Überall hängen Plakate, auf denen der Parcours des Rennens zu sehen ist, alle Schwierigkeiten, die die Fahrer während der drei Wochen auf dreitausendfünfhundert Kilometern erwarten. Die Einwohner der Stadt sind auf dem Fahrrad unterwegs. Die Geschäfte sind in gelb geschmückt. Seit Jahren schon wartete die deutsche Bevölkerung darauf, die Magie der Tour neu zu erleben!

Die Fahrer – Griechen, Deutsche und andere – sind allerdings nicht in Feierstimmung. Sie sind hochkonzentriert auf das, was vor ihnen liegt, und drängen darauf, sich zu beweisen. Dies umso mehr, als sie alle, wie üblich bei der Tour, bereits fast eine Woche vor dem Auftaktzeitfahren vor Ort eingetroffen sind, was ihre Ungeduld nur noch mehr geschürt hat.

Wie es der Zufall will, sind die griechische und die deutsche Mannschaft beide im luxuriösen Hotel Lindner untergebracht. In der Lobby ist es ein einziges Kommen und Gehen von Journalisten. Auch wenn die Fahrer sich seit mehreren Monaten darauf vorbereitet haben, der Wahnsinn der Tour ist immer wieder aufs Neue eine Überraschung. Presse, Radio, Fernsehen, Werbedrehs, Präsentationen, Begegnungen... ein einziges Tohuwabohu. Die Athleten haben nicht eine Minute für sich.

Das Interesse für die Velosophen ist eher noch größer geworden, statt abzuebben. *A fortiori*, seit durchgesickert ist, dass die deutsche Mannschaft sich ebenfalls mit ein paar Freizeitphilosophen, Philosophen-Radsportlern und konvertierten Intellektuellen ausstaffiert hat.

Und so erledigen die Tour-Teilnehmer also ihren Job. Platon erläutert die neuen Pflichten, die ihm nach der Bekanntgabe von Sokrates' Rücktritt zugefallen sind. Auch wenn er zugesteht, Philosophie zu betreiben, möchte er doch durch Ergebnisse beweisen, dass er vor allem ein junger, begabter Radsportler ist, wie sein Resultat beim letzten wichtigen Vorbereitungsrennen vor der Tour gezeigt hat, sein achter Platz im Gesamtklassement beim Critérium du Dauphiné. Platon erwähnt auch seine Zusammenarbeit mit Aristoteles, berichtet, wie gut sie sich gegenseitig ergänzen, und geht auf die potenziellen Spannungen aufgrund der internen Rivalität ein, die man aber überwunden habe. Schließlich stellt er alle Fahrer seines Teams vor, das am Ende eine erweiterte griechisch-lateinische Allianz ist, mit Fahrern wie Diogenes, Heraklit, Marc-Aurel, Machiavelli (der sich auf raffinierte Weise einen Platz in der Velosophen-Mannschaft gesichert hat) und sogar Plotin, der es durch Beharrlichkeit geschafft hat, aufgestellt zu werden. Zum Sportdirektor wurde Epiktet bestimmt.

Eine Frage taucht immer wieder auf: »Was bringt die Philosophie dem Radsport?« Platon hat es sich zur Gewohnheit gemacht, darauf zu antworten, dass theoretische Spekulation abseits des Rades sicher nützlich ist, da sie ihm erlaube, Abstand zu gewinnen, Druck abzubauen, zu relativieren. Auf dem Rad dagegen würde sie ihn nur behindern. In einem Rennen bleibe keine Zeit, die Situation zu analysieren, während von allen Seiten Angriffe gestartet werden oder der Zielsprint beginnt. Man müsse unmittelbar und instinktiv reagieren. Denn, so fügt er mit einem kleinen Augenzwinkern Richtung Aristoteles hinzu: »Die Intelligenz besitzt nichts, was nicht vorher über die Sinne kam.«

Vielleicht hat Platon auch einen Hintergedanken, während er das alles von sich gibt und den Journalisten erläutert, die griechisch-lateinische Mannschaft bestehe nur deshalb ausschließlich aus Velosophen, weil für sie alle kein Denken ohne Handeln vorstellbar, eine *Theoria* ohne die *Praxis* nichts wert sei… Doch wer weiß, was Platon hinter der Maske, die er seinen Fragestellern darbietet, in seinem Innersten verbirgt?

Freud, der nur wenige Schritte entfernt steht und Platons Äußerungen mit gespitzten Ohren verfolgt hat, interpretiert die Worte seines griechischen Gegners als einen verdeckten Angriff auf sein Team. Die deutsche Mannschaft hat nämlich ihrerseits eine andere strategische Konstellation gewählt, die weniger radikal ist als die der griechischen »Velosophen«: eine Mischung aus Berufsfahrern und umgeschulten Philosophen.

Einige Journalisten haben Freuds leichtes Stirnrunzeln bemerkt und wenden sich, in Erwartung einer Reaktion, nun von Platon dem österreichischen Philosophen zu. Dieser gibt ihnen zu verstehen, dass er sich nicht äußern werde, und verweist die Reporter an den Presse- und Kommunikationsbeauftragten der deutschen Mannschaft, Jürgen Habermas. Dieser steht mitten in einer Horde von Menschen, teils Autogrammjägern, teils Korrespondenten auf der Jagd nach einem interessanten Thema, und versucht mehr schlecht als recht, die Diskussion zu strukturieren.

»Fühlen Sie sich bitte frei zu fragen, was immer Sie wollen«, wiederholt der Pressesprecher der deutschen Mannschaft.

Die Journalisten lassen sich nicht zweimal bitten.

»Radsportler und Philosophen in einer Mannschaft. Finden Sie diese Zusammensetzung nicht ein wenig gewollt? Soll das ein Werbegag sein? Bei den Griechen sind die Athleten gleichzeitig Radsportler und Philosophen...«

Obwohl es angeblich kein Tabuthema gibt, sorgt diese Frage doch für Verdruss bei Habermas, der mit einem leicht verärgerten Blick antwortet, dass dies ein Un-Thema sei:

»Es spielt keine Rolle, ob die Philosophen Sportler sind oder nicht. Reden wir über den Sport, schauen wir auf die Ergebnisse! Seitdem auf Einsteins Anregung hin Marx und Freud in die Mannschaft aufgenommen wurden (Heidegger wurde letztlich nicht berücksichtigt), haben sich die Leistungen von Altich, Ullrig, Zadel und den anderen entschieden verbessert. Das beweist, dass es einen ›Philosophen-Effekt‹ gibt. Und auch wenn die Philosophen nicht durch Ergebnisse glänzen, so helfen ihre Ratschläge den anderen zu brillieren. Den einen die Sorge um Reflexion und Interpretation, den anderen die Aktion und Umsetzung! Damit, meine Herren, möchte ich es gut sein lassen. Danke, dass Sie den Athleten ein wenig Ruhe gönnen für das, was vor ihnen liegt.«

Marx, der sich mit den übrigen deutschen Fahrern im Hintergrund gehalten hat, schmollt sichtlich, nachdem er die offizielle Verlautbarung gehört hat. Weder will er sich ausruhen, noch sich mit der Interpretation von Rennsituationen begnügen... Aber er wird nicht die Gelegenheit bekommen, das Wort zu ergreifen, denn Habermas hat jede Diskussion unterbunden. Und dann müssen die Journalisten ja auch noch die französische Mannschaft aufsuchen, in deren Reihen sich ebenfalls mehrere besondere »Kandidaten« befinden. Pascal, ein Neuankömmling im Peloton, dem man eine große Zukunft vorhersagt. Bergson, ein erfahrener Radsportler, nie um ein Wort über seinen Sport verlegen. Und dazu ein gewisser Jean-Paul Sartre, der den Posten des Teammanagers an sich gerissen hat und dem der Ruf vorauseilt, ein Meister polemischer Interventionen zu sein... Eine sichere Bank für hohe Auflagen und Klickzahlen.

Und so verläuft der Nachmittag vor dem Start der Tour... Sportler, Journalisten, PR-Leute, jeder spielt seine Rolle im großen Juli-Theater. Platon macht sich nichts vor. Er weiß genau, dass man sich nur aufgrund seiner ungewohnten Doppelrolle für ihn interessiert. Auch wenn er das beklagt und sich gegen die allzu verlockende Verbreitung von Klischees verwahrt, ist das letztlich nur eine Pose. Und sie ist notwendig: Wer keinen Panzer trägt, wer sich nicht als ein anderer entwirft, wird gefressen. Die Mediengestalt – der Superheld – dient dem Schutz der eigenen Person.

Auch die Journalisten und Pressesprecher verschanzen sich hinter ihrer Funktion. Pose und Selbstinszenierung sind für sie eine professionelle Vorbedingung. Provozierende Fragen zu stellen, ist der Beruf des einen, diesen auszuweichen, der des anderen. Letztlich weiß jeder, was geschehen wird: Die Regeln sind sozusagen im Vorhinein festgelegt und wie beim Schachspiel ist es möglich, die kommenden Züge vorherzusehen. Eine einzige Unbekannte bleibt: Was ist die wirkliche Identität des Spielers? Wer befindet sich hinter dem Mikrofon? Die wahre Person bleibt verborgen. Hat sie denn eine andere Wahl?

Nicht einmal Marx und Freud entkommen der großen menschlichen Komödie. Der eine nimmt eine mürrische Haltung an, der andere mimt den geheimnisvollen Grübler, doch keiner drückt aus, was er im Innersten empfindet. Beide vermitteln nur ein bestimmtes Gefühl, das dazu gedacht ist, gesendet und empfangen zu werden: der eine das Bild eines Rennfahrers im Widerspruch zur sportlichen Leitung, der andere das des Weisen, dem man das Wort abgeschnitten hat. Aber was sind die wirklichen Seelenzustände unserer Neo-Rennfahrer? Keiner weiß es wirklich, die, die es betrifft, am allerwenigsten. »Ich ist ein anderer«, wie der andere sagte. Ich ist ein Spiel.

Aber während alle ihr Bühnenkostüm anziehen und sich in der inszenierten Rollenverteilung aufstellen, während jeder vorgibt und tut als ob, ereignet sich ein wahrer Theatercoup, der einschlägt wie eine Bombe: Ein schlammverkrusteter Sokrates rollt auf seinem Rad direkt in die Hotellobby! Ihm fehlt der linke Schuh. Seine Züge sind ausgemergelt. Alle blicken ihn fassungslos an. Sokrates kratzt das nicht. Gleichgültig gegenüber all den Leuten, die ihn anstarren, wendet er sich schelmisch an die Rezeption, um zu fragen, ob noch ein Platz frei ist. »Im Hotel?« – »Nein, bei der Tour!«

Angesichts des Unverständnisses des Rezeptionisten ist es an Aristoteles, die Situation mit einem Lächeln ins Lot zu bringen.

»Natürlich hast du deinen Platz bei der Tour! Du hast uns ganz schön an der Nase herumgeführt mit deiner sokratischen Methode!« Aristoteles ist über die Rückkehr seines Kapitäns nicht im mindesten verstimmt. Seit der Episode am Ätna hat er begriffen, dass Sokrates ein Anführer ist, der seine Teamkameraden nicht im Regen stehen lässt, sondern sie im Gegenteil ermuntert, über sich hinauszuwachsen. Und was die Vorfälle am Vulkan angeht, so will er nicht einmal wissen, was passiert ist. So ist Sokrates. So sind die Philosophen. Die Philosophie beginnt beim Staunen und bittet nicht um eine Antwort, die dieses Staunen auflöst.

Dann kommt auch Platon herbeigeeilt, um Sokrates zu begrüßen. Jetzt, da er gelernt hat, auf eigene Rechnung zu fahren, jetzt, da er im Wortsinn autonom ist, erklärt er sich aus freien Stücken bereit, wieder in die Dienste seines Kapitäns zu treten. Auf ihn folgen Marc-Aurel und Diogenes, der mit dem Finger auf Sokrates zeigt und mehrfach ruft: »Das ist der Mann, den ich verzweifelt gesucht habe. Seht, welch ein Mensch!« Alle Velosophen umringen den Rückkehrer.

Nur Plotin fehlt. Epiktet hat ihn gerade darüber in Kenntnis gesetzt, dass sein Platz im Kader neu vergeben wurde. Aber das hat den jungen Mann nicht weiter bekümmert. Er ist ebenfalls glücklich. Was er wollte, hat er bekommen: ein Selfie mit Ullrig.

Kurzum, alle Mitglieder des griechisch-römischen Teams sind glücklich, wieder mit Sokrates, hier, am Fuße des Berges namens Tour, vereint zu sein. Und während sie sich umarmen und beglückwünschen, spürt man einen Elan mitten durch diese Mannschaft gehen, den Elan, der zur Eroberung der höchsten Gipfel notwendig ist!

Einige Journalisten sind von der Szene, deren Zeuge sie werden, persönlich gerührt und malen sich schon den Artikel aus, den sie darüber verfassen werden, über »diesen großen Moment des Authentischen, den nur die Tour uns schenken kann«. Andere dagegen wirken angesichts des unerwarteten Comebacks etwas zurückhaltender: War das alles wirklich spontan oder nur ein besonders raffinierter strategischer Schachzug?

Die deutschen Fahrer stellen sich solche Fragen nicht. Ihr Verhalten ist bewusst distanziert. Dies ist nicht die Stunde des Schlagabtauschs und der Polemik. Die Angriffe werden in ein paar Tagen kommen, auf dem Rad, auf der Strecke der Tour de France. Die Phase des Redens, der Vorbereitung, der Spekulationen wird sich dann ganz von selbst in Aktion auflösen, im sportlichen Kräftemessen.

Noch nie war dieser Augenblick so nah. Es ist alles gerichtet. Alle Akteure sind an ihrem Platz. Nichts kann den Beginn des Rennens mehr aufhalten.

II

DAS RENNEN

Etappe 1 – Einzelzeitfahren in Düsseldorf

DER KAMPF GEGEN DIE UHR: SICH KENNEN ODER SICH ÜBERTREFFEN?

»Dreißig Sekunden… Zehn Sekunden… Fünf, vier, drei, zwei, eins… Auf geht's in eine neue Ausgabe der Tour de France! Das Eröffnungszeitfahren in den Straßen Düsseldorfs ist gestartet. Mit Sicherheit wird diese Tour von vielen Zuschauern verfolgt werden, ja, in diesem Jahr sind es vielleicht noch mehr als in der Vergangenheit. Mit der Rückkehr zu Nationalmannschaften hoffen die Veranstalter, indem sie patriotische Gefühle ins Spiel bringen, ein neues Publikum anzusprechen. Und Ähnliches gilt auch für die Öffnung der Tour für Fahrer mit ungewöhnlichen Werdegängen, wie diesen berühmten Velosophen, von denen so viel die Rede ist…«

»Ganz genau, Thierry. Übrigens sehen wir jetzt den ersten griechischen Fahrer von der Startrampe rollen. Dieser Fahrer stand nicht auf der ursprünglichen Startliste. Seine Anwesenheit heute stellt eine kleine Überraschung dar, denn nach einem vielversprechenden Saisonbeginn war er eigenartigerweise vom Radar verschwunden. Er ist gerade rechtzeitig zurückgekehrt, um Plotin zu ersetzen, dem man ein Formtief nachsagt. Sie ahnen es schon: Die Rede ist von Sokrates…«

»In der Tat, Laurent. Und wir schalten nun auch gleich zu Richard, der sich direkt hinter Sokrates auf dem Übertragungsmotorrad

befindet und das großartige Debüt eines Velosophen bei der Tour kommentieren wird...«

»Entschuldigung, Thierry! Entschuldige, dass ich dir ins Wort falle... Ich befinde mich in der Tat gerade hinter einem hoch konzentrierten Sokrates. Er sitzt gut auf seiner Maschine, seine Trittfrequenz ist optimal, seine Position nahezu perfekt. Er vergeudet nicht die geringste Energie. Alles in allem liefert Sokrates uns ein bemerkenswertes Zeitfahren...«

»Danke, Richard. Das überrascht nicht, denn man kennt Sokrates als erfahrenen Radsportler und als Spezialisten für den einsamen Kampf gegen die Uhr. Er beherrscht diese Disziplin perfekt. Und man sieht es schon, das sollte eine gute Zeit für ihn werden...«

»Du weißt ja, Thierry, das Zeitfahren ist eine Disziplin, in der man sein eigener Gegner ist. Worauf es hier ankommt, ist, dass man sich selbst sehr gut kennt. Man muss so gleichmäßig wie möglich fahren und seine Grenzen beherrschen. Man darf weder verhalten starten – die verlorene Zeit lässt sich nicht wieder aufholen – noch zu schnell loslegen – sonst riskiert man den Einbruch. Zeitfahren ist die Kunst der goldenen Mitte zwischen der Übervorsicht und der Maßlosigkeit, bzw. der ›Hybris‹, wie unsere griechischen Freunde sagen würden.«

»Also, Laurent, ich habe ja gar nicht gewusst, dass du auch philosophische Kenntnisse besitzt! In jedem Falle steht fest, dass Sokrates sich sehr gut kennt, denn nach unseren aktuellen Zwischenzeiten liegt er nur zwei Sekunden hinter der Zeit von Jacques Anquepil, einem der Favoriten auf den Sieg in diesem Zeitfahren! Nach mehre-

ren Monaten ohne Wettkampf hat man sich schon gefragt, wie es wohl um die Form des griechischen Mannschaftskapitäns bestellt ist! Hier gibt er uns die Antwort auf der Strecke! Was für ein Champion!«

»Entschuldigung! Gestattet mir die erneute Unterbrechung, hier noch mal Richard auf dem Übertragungsmotorrad. Es geschieht gerade etwas ziemlich Außergewöhnliches in den Straßen von Düsseldorf! Bekanntermaßen handelt es sich heute ja um eine Wendepunktstrecke, die Straße am Rheinufer entlang wird in beide Richtungen befahren, darum kann ich auf der Gegenseite auch die Fahrer beobachten, die nach Sokrates gestartet sind. Und wenn ich es richtig gesehen habe, ist uns jetzt ein Fahrer entgegengekommen, der überhaupt nicht in der Startliste steht! Bei unserem Tempo habe ich ihn nicht genau erkennen können, aber...«

»Warte, Richard. Wir haben Bilder vom Helikopter aus. In der Tat, da scheint es einen Gast zu geben, der sich in letzter Minute selbst eingeladen hat... Er trägt ein neutrales Trikot. Keine Rückennummer, kein Begleitfahrzeug. Das ist unglaublich! Wie ist das möglich? Moment, was ist das, jetzt holt er den vor ihm gestarteten spanischen Fahrer ein und zieht sofort vorbei! Richard, du musst unbedingt versuchen, ihn im Ziel abzufangen und für eine Reaktion vors Mikrofon zu bekommen...«

Einige Minuten später bei der Einfahrt des unbekannten Rennfahrers...

»Zur Seite! Zur Seite! Sport TV, wir haben Vorrang! Monsieur, ein Wort, ein kurzes Statement, nur eine Frage: Sie kommen aus dem

Nichts und haben gerade eine ausgezeichnete Zeit hingelegt – Dritter im provisorischen Klassement –, wer sind Sie?«

»Man nennt mich die Kobra, wegen meiner scharfen Attacken am Berg«, antwortet der Fahrer, ohne im Geringsten außer Atem zu sein. *»Oder den Adler von Sils Maria, weil ich die Anstiege nur so hinauffliege. Oder auch Zarathustra, den Kletterer mit den entfesselten Beinen. Mein echter Name aber ist Nietzsche.«*

»Warten Sie, warten Sie! Sie sagen, Sie sind ein Kletterer. Aber gerade haben Sie doch auf brettebener Strecke eine ganz außergewöhnliche Leistung gezeigt! Und warum gehören Sie nicht zu einer Mannschaft? Ist Nietzsche nicht der Name eines Philosophen?«

In diesem Augenblick tauchen vier Polizisten auf, packen sich eilig Nietzsche und verbringen ihn an einen vertraulicheren Ort. Im allgemeinen Chaos meint Richard, aus der Ferne noch seine Rufe zu vernehmen: »Sich selbst zu übertreffen, ist besser, als sich selbst zu kennen.« Und auch: »Staat heißt das kälteste aller kalten Ungeheuer!«

Ein paar Stunden später trifft mit den offiziellen Resultaten ein Kommuniqué der Tour-Organisation ein:

»Heute hat ein Fahrer deutscher Staatsangehörigkeit, der nicht in der Liste der offiziellen Starter verzeichnet war, aufgrund einer Nachlässigkeit der Ordnungskräfte an der ersten Etappe der Tour de France teilgenommen. Nach Besprechung mit dem Betroffenen und

nach Verhandlung der Rennjury ist in Anbetracht der überzeugenden Leistung des Fahrers (inoffizielle Zeitnehmer sehen ihn auf Platz zehn bis fünfzehn der Etappe) sowie angesichts begeisterter Reaktionen des Publikums beschlossen worden, Herrn Friedrich Wilhelm Nietzsche eine Ausnahmegenehmigung für die Teilnahme an dieser Ausgabe der Tour de France zu erteilen. Er trägt die Rückennummer 199 und wird von diesem Tag an wie jeder andere Konkurrent behandelt. Herr Nietzsche ist nicht Teil einer Mannschaft, sondern wird das Rennen unter neutraler Flagge bestreiten, wie es auch sein Wunsch ist. Hingegen wird das Eindringen von Herrn Nietzsche in den laufenden Wettbewerb als schwerer Verstoß gewertet und entsprechend geahndet. Zusätzlich zu einem Bußgeld von zehntausend Schweizer Franken wird ihm eine Zeitstrafe von drei Stunden im Gesamtklassement auferlegt. Das Düsseldorfer Zeitfahren betreffend, wird der Fahrer mangels offizieller Zeitnahme mit der Zeit des Vorletzten als Letzter gewertet.

Die Jury der Rennkommissäre, Düsseldorf, den xx. xx. xxxx«

»Also Laurent, was für eine Etappe! Eine Etappe voller Überraschungen… Mit einem Anquepil, der lange in Führung liegend auf den allerletzten Drücker noch von Bradley Russell abgefangen wird, dem überraschenden ersten Träger des Gelben Trikots in diesem Rennen. Mit einem Sokrates, der ein technisch perfektes, lehrbuchmäßiges Zeitfahren abliefert, das ihm einen ausgezeichneten vierten Platz beschert. Und schließlich mit dem ominösen Nietzsche, der sich dank einer ebenso improvisierten wie eindrucksvollen Darbietung selbst zur Party eingeladen hat… Man kann sagen, dass wir vom Grand Départ in Deutschland wahrhaft verwöhnt worden sind! Die neue Tour hat ihren Lauf genommen, einen guten Lauf!«

»Oh ja, Thierry, so ist sie, die Tour, und so ist ihre Magie. Ich werde dir etwas sagen: Wenn die Philosophie vom Staunen lebt, dann lebt die Tour vom Unerwarteten. Das ist das Geheimnis ihrer Schönheit...«

»Zweifellos, Laurent, du sprühst ja heute geradezu vor Inspiration. Mit diesen schönen Worten wollen wir uns nun verabschieden. Vielen Dank euch beiden, Richard und Laurent, und Ihnen, liebe Zuschauer von Sport TV, danke fürs Einschalten. Auf Wiedersehen und bis morgen, wenn diese großartige Juli-Serie ihre Fortsetzung findet! Es lebe der Sport, es lebe die Tour!«

Etappe 2 – Düsseldorf–Lüttich

DER SPRINT IST DAS RASIERMESSER DES RADRENNFAHRERS

Für alle Mannschaften ist täglich ungefähr eine Stunde vor dem Start der Mannschaftsbus traditioneller Versammlungsort zur letzten Besprechung vor dem Rennen. Dies ist für die Sportdirektoren die Gelegenheit, letzte Informationen über Etappenverlauf und Wetter zu teilen und strategische Anweisungen zu geben, die dann auf der Strecke umgesetzt werden sollen.

Im Bus der deutschen Mannschaft ist bereits ein gewisser Druck spürbar, der auf den Schultern der Fahrer lastet. Die Ergebnisse des gestrigen Zeitfahrens waren in der Tat ziemlich enttäuschend: kein Deutscher unter den ersten zwanzig, der bestplatzierte von ihnen (Ullrig) ist auf Rang dreiundzwanzig gelandet.

Seitdem Einstein das Team verlassen hat, ist in Ermangelung eines offiziellen Sportdirektors nun Jens Vogt als erfahrenster Fahrer in die Rolle des *Capitaine de Route* geschlüpft. Seine Mannschaftskameraden vertrauen ihm, und er ist die Verbindungsperson zwischen den gelernten Radrennfahrern und den Neuzugängen aus der Philosophie. Deshalb kommt ihm die Aufgabe zu, die Besprechung zu leiten.

»Gut, Jungs, machen wir uns nichts vor. Gestern waren wir nicht gut. Vielleicht war der Druck vor eigenem Publikum zu hoch, vielleicht sind wir mit den vielen Anfragen von außen falsch umgegangen, vielleicht hat auch das Auftauchen dieses Teufels Nietzsche uns aus dem Konzept gebracht… Aber ganz ehrlich, die Gründe sind unwichtig. Gestern war gestern. Passiert ist passiert. Jetzt kommt's darauf an, dass wir uns schnell neu aufstellen und das Ruder herumwerfen. Von heute an. Auf dem Programm stehen zweihundert Kilometer zwischen Düsseldorf und Lüttich. Im Verlauf der Etappe erwarten uns drei Anstiege, wo Punkte für die Bergwertung verteilt werden. Sie gehören aber alle zur vierten Kategorie, also kein Problem. Sie dienen nur dazu, das Bergtrikot zu vergeben. Davon abgesehen ist die Strecke relativ flach. Westwind mit knapp zwanzig km/h. Geringe Regenwahrscheinlichkeit. So weit zu den technischen Daten. Was für eine Taktik sollten wir verfolgen? Jemand eine Meinung?«

»Wir müssen in die Offensive gehen. Wir müssen uns zeigen. Wir müssen attackieren!«, ruft Marx sogleich voller Feuereifer. »Vom Start weg nach vorn gehen und versuchen, den Vorsprung bis ins Ziel zu verteidigen!«

»Ach, im modernen Radsport ist es doch eine völlige Illusion zu glauben, dass eine frühe Fluchtgruppe Erfolg haben könnte«, entgegnet Altich direkt. »Deine Attacke würde nur dazu dienen, unser Trikot zu zeigen. Völlig überflüssige Werbung, seitdem Markenteams nicht mehr existieren. Du wirst dich vorn an der Spitze hundertachtzig Kilometer lang leerfahren und dann im Finale einkassiert werden, wenn das Peloton die Zeit für gekommen hält. Wir sind nicht hier, um uns zujubeln zu lassen und im Hurra-Stil unterzugehen. Wir sind keine Radsport-Romantiker. Was wir brauchen, ist ein Resultat. Meine Taktik ist Folgende: Fünfunddreißig Kilometer vor dem Ziel ändert der Kurs seine Richtung. Erst haben wir die ganze Zeit Gegenwind, aber ab dem Punkt kommt der Wind dann von der Seite. Mein Vorschlag: In diesem Moment setzen wir uns alle an die Spitze und geben Vollgas, damit eine Windkante entsteht, die das Peloton in tausend Stücke jagt.«

Jens Vogt begrüßt diesen ambitionierten Vorschlag, warnt aber vor dem Umstand, der Seitenwind werde möglicherweise nicht stark genug sein, damit der Coup gelingen kann, zumal laut Karte die Richtungsänderung in einer bewaldeten (also windgeschützten) Gegend stattfindet... Außerdem merkt Freud an, dass er nicht wisse, was er unter einer Windkante zu verstehen habe. Er hat offenbar nicht den blassesten Schimmer von der Kunst, mit dem Wind zu spielen, um das Feld in seine Einzelteile zu zerlegen. Eine eher entmutigende Ausgangssituation.

Während sich im Bus der deutschen Mannschaft eine gewisse Unschlüssigkeit breitmacht, weil keine brauchbare Taktik in Sicht ist, ergreift Zadel das Wort:

»Um ehrlich zu sein, haben beide Strategien, frühe Fluchtgruppe oder Windkante, so unterschiedlich sie sind, denselben

Fehler: Das Verhältnis von aufgewandter Energie zu Siegwahrscheinlichkeit ist viel zu ungünstig. Dass die Windkantentaktik Erfolg haben könnte, ist mehr als unwahrscheinlich. Und selbst wenn wir es schaffen, uns vom Peloton abzusetzen, bleiben immer noch fünfunddreißig Kilometer bis ins Ziel. Wehe, wenn der Spieß umgedreht wird und man uns wieder einfängt! Und was den Angriff vom Start weg betrifft, bin ich ganz bei Rudi: Das wäre viel Lärm – und Mühe – um nichts... Die beiden bisher vorgeschlagenen Optionen scheinen mir zu kompliziert zu sein. Dagegen erinnere ich mich an etwas, was mir Einstein beibrachte, bevor er die Mannschaft verließ: ›Man soll die Dinge immer so einfach wie möglich machen.‹ Dieser Satz kam mir gestern in den Sinn, als ich Russell in einem Interview nach dem Rennen sagen hörte, er habe dank eines Rats seines Trainers gewonnen, eines gewissen Wilhelm von Ockham. Der ist nämlich Erfinder eines Prinzips, das man anscheinend ›Ockhams Rasiermesser‹ nennt und dessen Formel ungefähr wie folgt lautet: ›Man muss sein Ziel mit maximaler Ökonomie der Mittel erreichen.‹ Soll heißen: Warum kompliziert machen, wenn es auch einfach geht? Russell hat sein Zeitfahren gestern mit größter Sparsamkeit absolviert, ist der Ideallinie gefolgt, hat seine Kräfte völlig gleichmäßig eingeteilt und den effizientesten Tritt gewählt. Das Ergebnis: Er hat das Zeitfahren gewonnen. Jetzt frage ich euch: Was ist das einfachste Mittel, um bei der Tour eine Flachetappe ohne besondere Schwierigkeiten zu gewinnen? Sicher nicht eine riskante Großoffensive vierzig Kilometer vor dem Ziel. Geschweige denn, indem man auf den ersten Kilometern eine Flucht initiiert. Nein, was man tun muss, ist, den ganzen Tag über geduldig im Peloton abzuwarten, seine Kräfte im Windschatten zu sparen, zuzusehen, wie den Ausreißern vorn die Luft ausgeht, die Briten arbeiten zu lassen, die das Rennen zur Verteidigung von Russells Gelbem Trikot kontrollieren müssen… und dann, einen Kilometer vor dem Zielstrich, die ganze Mannschaft in Reihe zu bringen und am Anschlag fahren zu lassen, damit ich in idealer Position bin, um auf den letzten zweihundert Metern meinen Sprint anzusetzen und als Erster den Zielstrich in Lüttich zu überqueren! Ich sage es euch: Der Sprint ist das Rasiermesser des Radrennfahrers!«

Vogt gesteht, dass der Sprint das beste Mittel ist, um im Radsport zu gewinnen. Eine manchmal widerliche Wahrheit: Man kann fast das gesamte Rennen über vorn sein und dann nur wenige Kilometer vor dem Ziel »einkassiert« werden, wenn das Peloton es so entschieden hat – wenn sozusagen die Katze beschlossen hat, sich auf die Maus zu stürzen. In diesem Moment treten die Raubkatzen, die Könige des Sprints, auf den Plan und ein Fahrer, der den ganzen Tag in der Anonymität des Pelotons verbracht hat, kann sich letztlich auf dem Podium feiern lassen. Es ist ungerecht, aber so ist es: Will man pragmatisch sein, gebietet das Realitätsprinzip, dass man sich auf einer Flachetappe auf den Sprint konzentrieren muss, um seine Erfolgschancen zu maximieren.

Im deutschen Teambus stimmen alle der Strategie Zadels zu – sogar Marx (wenn auch etwas wehmütig). Und sie tun gut daran: Denn das Rennen verläuft exakt nach Plan. Vier Ausreißer entkommen vom Start weg dem Peloton. Dahinter hält die britische Mannschaft mit dem Gelben Trikot in ihren Reihen über den größten Teil der Etappe den Abstand bei zwei bis drei

Minuten. Dann kümmern sich die Helfer der Sprintermannschaften (darunter Freud) darum, den Vorsprung der Spitzengruppe Stück für Stück zu verringern, bis sie den letzten verbliebenen Ausreißer einen Kilometer vor dem Ziel einholen. Jetzt geht Altich an die Spitze, mit seinem Sprintkapitän am Hinterrad. Er fährt den Sprint so perfekt für Zadel an, dass dieser, nachdem er hundertfünfzig Meter vor dem Ziel antritt, mit drei Radlängen Vorsprung in den Straßen Lüttichs gewinnt.

Danke, Wilhelm von Ockham!

Etappe 3 – Verviers–Longwy

DER RADRENNFAHRER: DOKTOR JEKYLL UND MISTER HYDE

Die dritte Etappe führt die Fahrer von Verviers, einer ehemaligen Industriestadt im Süden von Lüttich, in die kleine französische Gemeinde Longwy nahe der belgisch-luxemburgischen Grenze. Die Zielankunft liegt oben auf einem kleinen Berg, ein Anstieg von tausendfünfhundert Metern Länge mit etwa sieben Prozent Steigung. Angesichts dessen, was die Fahrer in den kommenden Tagen noch erwartet, gewiss kein unüberwindbares Hindernis. Aber immerhin ist dies die erste Hügelankunft der Tour, die erste Möglichkeit, sich und seine Gegner zu testen. Der erste Stressmoment…

Hinzu kommt, dass sich die Fahrer dieser finalen Hürde über eine enge, kurvenreiche Straße nähern. Es wird kein Platz für alle sein. Die Gefahr, dass es zu Stürzen kommt oder dass das

Peloton sich teilt, ist groß. Es wäre dumm, auf einer solchen, der Papierform nach unspektakulären Etappe wichtige Zeit zu verlieren, nur weil man sich schlecht positioniert hat. Longwy ist einer dieser Orte, an dem man, wie es gern heißt, »die Tour nicht gewinnen, sehr wohl aber verlieren kann«.

Darum kommt es auf den Kilometern vor dem Schlussanstieg zu Rangeleien. Alle Mannschaften nehmen ihre Schlachtformationen ein. Man lässt die Ellenbogen sprechen, um seinen Platz zu behaupten. Es wird gebrüllt.

Auch die Griechen beteiligen sich an den Positionskämpfen. Als geschlossene Mannschaft versuchen sie, angeführt von einem zähen Diogenes, der keinen Zentimeter preisgibt, sich im Vorderfeld des Pelotons zu behaupten. Man muss schließlich zeigen, dass man da ist, wenn man respektiert werden will.

Einige Konkurrenten probieren, Platon einzukeilen, spekulieren auf seine Jugend und den Mangel an Erfahrung. Strategische Einschüchterungsversuche. Aber der junge griechische Fahrer lässt sich nicht so leicht abkochen. Wer ihm ein wenig zu nahe kommt, den rammt er sofort mit der Schulter. Wer ihm den Weg abschneidet, der wird in der nächsten Kurve ausgebremst. In diesem überreizten Schwarm, den das Peloton gegen Rennende bildet, will Platon beweisen, dass er keine namenlose Arbeitsbiene ist.

»Der Mensch ist dem Menschen ein Wolf«, wiederholt gern Hobbes, einer der Fahrer im britischen Team. Mehr noch als ein Schwarm ist das Peloton ein Rudel, in dem jeder immerzu allen um ihn herum seine Überlegenheit zu beweisen versucht. Der Radsport ist ein brutaler Sport. Sport ist Gewalt.

Wäre das im Übrigen nicht genau der Zweck des Sports? Das fragt sich Freud, während auch er im Vorderfeld darum kämpft, seine Kapitäne in gute Position zu bringen. Dient der sportliche Wettbewerb nicht dazu, unsere animalischen Instinkte frei auszuleben? Denn der Körper muss sich austoben. In unseren Gesellschaften, die alles unter Kontrolle halten, wo kein Kopf herausragen darf und man das Fleisch ständig um Ruhe bittet, da wäre der Sport eine Art Ventil, ein Ort, an dem es endlich erlaubt ist, sich gehen zu lassen. Mehr noch: Der institutionelle Rahmen des Sports verwandelt unsere niederen Instinkte in heroische Taten. Er wertet sie auf. Wie lautete das Wort dafür noch mal? Ach ja: Sublimierung!

Während Freud vielleicht noch Zeit findet, auf dem Rad zu denken, bewahrt Platon sich die Philosophie für später auf, voll und ganz darauf konzentriert, nicht einen einzigen Platz zu verlieren. Seine Konkurrenten sind ganz erstaunt, den Velosophen noch vorn zu finden, während der Schlussanstieg mit raschen Pedaltritten näher rückt. Aber – so reden sie sich ein – diese Philosophen sind doch alles nette, sanftmütige Menschen. Wenn es dann wirklich zur Sache geht, auf den letzten Metern vor dem Anstieg, wenn fünfzig Fahrer in der ersten Reihe sein wollen, da, wo es nur Platz für zwanzig gibt, wenn alle mit dem Messer zwischen den Zähnen unterwegs sind und die sportlichen Leiter über Funk in die Ohrhörer brüllen – dann werden die Philosophen doch gewiss abbremsen. Sie sind doch viel zu rücksichtsvoll, viel zu anständig. Sie besitzen weder genug Niedertracht noch die nötige Rennerfahrung, um am Ende einer solchen Etappe eine gute Figur zu machen. Das hat man ja bei den Klassikern zu Saisonbeginn gesehen.

Und dennoch... Gerade weil er sich an seine Fehler aus dem Frühjahr erinnert, wo es ihm an der letzten Risikobereitschaft fehlte, nimmt Platon jetzt alle Gefahren in Kauf, um in einer der ersten Positionen in den letzten Anstieg zu gehen. Als zwei belgische Fahrer versuchen, ihm »die Tür zuzumachen«, rammt er den beiden Kontrahenten einfach von hinten die beiden Bremshebel seines Lenkers ins Gesäß. So macht er zehn Plätze gut! Das alles bei sechzig km/h... Am Fuß des Schlussanstiegs ist Platon unter den ersten zehn. Eine ideale Position.

Auf die technische Gewalt der Positionskämpfe folgt nun die physische Gewalt absoluter, roher Kraftanstrengung. Anderthalb Kilometer sind im Radsport eigentlich nichts. Kaum zwei Minuten hoher Intensität. Aber was für zwei Minuten! Platon bewegt sich tief im anaeroben Bereich, in der Sauerstoffschuld. Beinahe die gesamte Steigung fährt er im Stehen, mit brennenden Schenkeln und brennender Lunge, taub von den Schreien des Publikums. Er holt das Letzte aus sich heraus und sichert sich einen sehr guten vierten Platz auf der Etappe, was für ihn gleichzeitig das Weiße Trikot für den besten Nachwuchsfahrer im Gesamtklassement bedeutet.

Sobald er die Ziellinie überquert hat, umringt eine Journalistenschar aus aller Herren Länder den jungen griechischen Fahrer. Wie Hulk, der wieder Bruce Banner ist, oder wie Mister Hyde, aus dem wieder Doktor Jekyll wird, beantwortet Platon im Ziel ruhig und gemessen ihre Fragen – schon wieder in der Lage, die Dinge zu analysieren. Und bereits wieder auf Distanz zu diesem entfesselten anderen, der er noch wenige Augenblicke zuvor war.

Etappe 4 – Mondorf-Vittel

CHRONISCHE LANGEWEILE

Die Tageszeitung *La Planète* hat dem französischen Fahrer Henri Bergson angeboten, während der Tour eine tägliche Kolumne zu schreiben, um die Leser die Rennatmosphäre aus dem Inneren des Pelotons miterleben zu lassen. Bergson hat eingewilligt, kann er doch mit diesem Medium vielleicht ein neues Publikum erreichen und weitere Menschen für den Radsport interessieren. Die vierte Etappe ist weitgehend flach und eine Sache der Sprinter, das ist von vornherein klar, und so zieht sie sich endlos hin. Bergson nutzt diesen Umstand, um das besondere Zeitgefühl abzuhandeln, das man während der Tour erlebt. Hier ist die betreffende Kolumne:

»Die Tour ist eine spezielle Art von Zeitmaschine, eine Maschine nämlich, die die Zeit beugt. Welcher Sportdirektor ist in seinem Auto nicht schon mit dieser großen Wahrheit konfrontiert worden, dass fünf Stunden einer Flachetappe endlos scheinen, wohingegen fünf Stunden einer Bergetappe blitzartig vorübergehen? Welcher Zuschauer ist im Juli nicht schon einmal vor dem Fernseher eingeschlafen, während das Peloton als lange Prozession durch die Felder zog, um irgendwann aufzuschrecken und nun gebannt zu verfolgen, wie eine Attacke nach der anderen dasselbe Peloton erschütterte?

Eine Rennstunde kann betäubend langweilig sein oder sie kann aufregend und begeisternd sein. Die Tour besitzt die Eigenschaft, Zeit relativ werden zu lassen, zumindest erzeugt sie diesen Eindruck. Wie kann diese chronobiologische Merkwürdigkeit erklärt werden? Ist es eine Auswirkung der sommerlichen Schwüle? Liegt es an der TV-Regie, die, das muss mal gesagt werden, eine Vorliebe für Einschläferndes beweist, wenn sie als Klangteppich das Wummern der Helikopter verwendet oder die Aufnahmen historischer Baudenkmäler mit zart-samtenen Klängen untermalt. Nichts von alledem: Der Zuschauer macht nur die Erfahrung dessen, was ich ›die Dauer‹ nenne.

Mit der Dauer bezeichne ich die empfundene Zeit, also die Zeit des Bewusstseins, im Gegensatz zur objektiven Zeit der Uhr und der Wissenschaft. Letztere lässt sich weder komprimieren noch dehnen, während die Dauer abhängig von der Person ist, die sie erfährt. So können eine öde Flachetappe und eine aufregende Bergetappe die gleiche Zeit benötigen, ihre Dauer aber ist unterschiedlich. Quod erat demonstrandum.

Die Fahrer entkommen diesem Phänomen der Dauer nicht. Genau wie den Zuschauern passiert es auch ihnen, dass auf gewissen ereignisarmen Flachetappen die Langeweile sie überfällt. Dann werfen sie alle zehn Minuten einen Blick auf die Displays ihrer Radcomputer in der Hoffnung, es mögen dreißig Kilometer vergangen sein, nur um feststellen zu müssen, dass sie dem Ziel nur acht Kilometer näher gekommen sind…

Ähnlich verhält es sich, wenn das Tempo verschärft wird, zum Beispiel an einem Anstieg, und ein Fahrer sich mühsam quält, den Anschluss an die Spitzengruppe zu halten. Auch dann kann es passieren, dass ihm eine Minute Anstrengung wie zehn vorkommen. Die

Zeit dehnt sich in dem Maße aus, in dem die Geschwindigkeit des Pelotons und das Leiden zunehmen, würde es wohl Einstein formulieren, der legendäre ehemalige Teammanager. Ist ein Fahrer hingegen in Form und das Rennen abwechslungsreich, können ihm die zweihundertzwanzig Kilometer einer Etappe wie hundert vorkommen.

Nun, wo das klargestellt ist, sollte ich – um den Leser nicht zu langweilen – aber nun ohne Umschweife zu dem kommen, was die Tour so schön und besonders macht, nämlich diese perfekte Verschränkung von Dauer und objektiver Zeit, die sie bietet. Wie jeder andere Chroradsportliche Wettbewerb ist die Tour eine Angelegenheit des Chronometers, des »Kampfes gegen die Uhr«, gegen die objektive Zeit, um ein Wertungstrikot zu verteidigen oder einige Plätze im Gesamtklassement gutzumachen. Die Beherrschung dieser Zeit ist eine Frage von Intelligenz, Strategie und Kalkül, von Powermetern und Kommandos über Teamfunk. In diesem Sinne ist die Tour mathematisch.

Doch gleichzeitig bleibt es das Rennen, in dem die Erfahrung von Dauer am deutlichsten spürbar ist. Das Rennen, in dem das, was man fühlt, oft wichtiger ist als das, was man weiß. Es gibt da immer einen menschlichen Anteil bei der Tour, der sich dem wissenschaftlich Quantifizierbaren widersetzt, eine fulminante Intuition, die eine allzu geordnete Partitur durcheinanderwirbelt. Das ist Charly Gaul, der gegen alle Vernunft schon am ersten Berg des Tages in die Offensive geht. Das ist Bernard Hinault, der auf den Champs-Élysées attackiert. Das ist ein unbekannter Velosoph, der alle altgedienten Berufsrennfahrer überrumpelt…

Es mag also stimmen, dass sich Zuschauer, sportliche Leiter und Rennfahrer im Juli oft langweilen, aber seien wir doch ehrlich: Wir alle lieben es, uns bei der Tour zu langweilen!«

Etappe 5 – Vittel–Planche des Belles Filles

BEGIERDE UND MANGEL

Nach der Etappe des Vortags, die in der Tat kaum etwas außer dem Zielsprint zu bieten hatte, bekommen die Fahrer heute einen Vorgeschmack auf die Berge, eine Vogesen-Etappe mit einer Ankunft oben auf der Planche des Belles Filles, ein Schlussanstieg von ungefähr sechs Kilometern Länge mit mehreren Passagen, die mit zweistelligen Steigungsprozenten aufwarten. Es wird das erste große Kräftemessen zwischen den Favoriten der Tour sein.

Sokrates gehört zwar nicht in diese Kategorie, dennoch hat er sich diese Etappe angekreuzt. Nachdem er am Vortag vier Kilometer vor dem Ziel dummerweise dreißig Sekunden wegen eines technischen Problems eingebüßt hat, will er heute wieder ein wenig Zeit gutmachen und träumt davon, auf dem Gipfel der Planche den großen Namen des Radsports den Triumph vor der Nase wegzuschnappen.

Und so nehmen die Griechen die Dinge in die Hand. In der ersten schweren Rampe des Anstiegs, einer schrecklichen, endlosen Geraden, legt Diogenes, Beiname »der Hund«, an der Spitze des Pelotons ein entfesseltes Tempo vor. An seinem Hinterrad hält sich – als zweiter Fahrer des azurblauen Zugs – Aristoteles bereit, Diogenes abzulösen, sobald dieser ausschert. Sokrates folgt den beiden, voll und ganz auf seine Anstrengung konzentriert, ohne auch nur ein Auge für die tobende Menge zu haben, durch die er hindurchfährt. Platon, ganz in weiß gewandet, hält sich als Reserve zurück. Er wird der Letzte sein, der sich für seinen Kapitän ans Werk macht.

Das Peloton wird sichtlich kleiner. Nach einem Kilometer bergauf sind in der ersten Gruppe nur noch dreißig Fahrer übrig. Als Aristoteles bei der Hälfte des Anstiegs übernimmt, erhöht sich die Schlagzahl noch einmal. Hinten muss ein Fahrer nach dem anderen abreißen lassen. Auch Russell, der Mann im Gelben Trikot, gehört zu den Fahrern, die in Schwierigkeiten sind! Sokrates erhält die Information per Funk über seinen Ohrhörer. Doppelt motiviert nutzt er die Gelegenheit sogleich für einen heftigen Angriff. Nur vier Fahrer, darunter Platon, können sein Hinterrad halten. Den Griechen gelingt bei dieser Bergetappe zweifellos ein großer Coup!

Wir befinden uns jetzt einen Kilometer vor dem Ziel. Ein kleines Flachstück erlaubt allen, kurz durchzuatmen. Die Männer an der Spitze schauen sich an. Jetzt wird es taktisch. Aus Angst, dass andere Fahrer von hinten wieder herankommen könnten, bittet Sokrates Platon, die Gruppe bis an die Schlussrampe zu führen, ein schreckliches Steilstück von mehr als zwanzig Prozent Steigung. Platon setzt perfekt um, was sein Kapitän ihm aufträgt.

Als der schicksalhafte Moment gekommen ist, dreihundert Meter vor dem Zielstrich, dort, wo die Straße plötzlich eine scharfe Kurve macht und extrem steil wird, tritt Sokrates von Platons Hinterrad aus an und schießt an die Spitze, ohne vom großen Blatt runterzuschalten. Seine überraschten Gegner reagieren mit leichter Verzögerung. Zu spät – der Lorbeer gehört Sokrates. Der so sehr ersehnte Etappensieg bei der Tour ist sein!

Auf dem Podium ist Sokrates natürlich hochzufrieden. Sein Ziel ist erreicht: Er hat bewiesen, dass er ein echter, talentierter Radrennfahrer ist, nicht nur eine Medienattraktion oder ein radelnder Philosoph.

Dennoch wirkt Sokrates nicht restlos glücklich, als er mit dem Siegerstrauß unter dem Arm zum Bus zurückkehrt. Unterwegs trifft er auf Platon, der bereits geduscht hat und gerade ein paar Worte mit Pascal wechselt. Der französische Philosoph ist soeben ins Ziel gekommen, just in dem Moment, als die Siegerrehrung vorüber war. Sokrates bedankt sich bei seinem jungen Teamkameraden für die Hilfe, die er geleistet hat. Platon entgegnet, das sei doch nicht der Rede wert, er habe lediglich seinen Job gemacht. Pascal ist höchst erstaunt, was er da hört und sieht. Was ihn erschüttert, ist, wie wenig Enthusiasmus die Helden der Planche zeigen, kann er selbst doch nur davon träumen, an ihrer Stelle zu sein.

»Lacht doch, zum Teufel!«, fordert er sie auf. »Schreit, singt, tanzt! Sokrates, du hast gerade eine Etappe bei der Tour gewonnen! Und was für eine Etappe! Die Etappe, die jeder gewinnen wollte. Ist dir klar, was das bedeutet? Warum runzelst du die Stirn?«

Pascal sagt es nicht, aber in Wahrheit weiß er genau, warum Sokrates einen solchen Mangel an Enthusiasmus zeigt. Er hat den Blick bemerkt, den der Kapitän der Griechen in Richtung Podium geworfen hat, als dort dem Niederländer Spinoza nach dessen drittem Platz auf der Etappe das Gelbe Trikot des Gesamtführenden übergestreift wurde.

Begierde ist des Menschen Wesen selbst. Und was sind die Objekte dieser Begierde? Das, was man nicht ist. Das, was man nicht hat. Das, was einem fehlt. Der Radrennfahrer ist ein ewig Unzufriedener, und selbst als Sieger (was ehedem recht selten der Fall ist, wenn man bedenkt, dass ein Peloton aus zweihundert Fahrern besteht und immer nur einer gewinnt) glaubt er, er hätte besser sein und noch mehr gewinnen können.

Für einen Sportler gibt es nichts Schlimmeres, als alle seine Ziele erreicht zu haben. Es gibt zahllose Beispiele für Athleten auf dem Gipfel ihres sportlichen Erfolgs, die deprimiert sind, weil es keine Sterne mehr zu erobern gibt, anstatt dass sie den siebten Himmel genießen. Denn so ist der Mensch: Wenn er nicht mehr auf Jagd ist, verkümmert er.

Also beschließt Sokrates, sich mit seiner Beute nicht zufriedenzugeben und Jäger zu bleiben. Er hat vielleicht eine Etappe gewonnen, doch jetzt will er mehr. Er will das heilige Gewand holen, das berühmte Gelbe Trikot...

Etappe 6 – Vesoul-Troyes

DAS PELOTON, DIESE INFERNALISCHE MASSE

Bislang verlief die Tour der französischen Mannschaft relativ anonym. Mit Ausnahme des starken Auftritts von Anquepil im Auftaktzeitfahren haben die Fahrer der Équipe Tricolore bisher kaum geglänzt. Sie waren nicht eben schlecht, weit davon entfernt: Anquepil belegt im Gesamtklassement einen respektablen Platz unter den ersten zehn, Jean Vraczyk hat mehrere Zwischensprints gewonnen und Maurice Tarin scheint trotz seines fortgeschrittenen Alters von Tag zu Tag stärker zu werden. Allein Blaise Pascal, dem es an Wettkampferfahrung mangelt, hat es zu Beginn der Tour wirklich schwer.

Die Leistungen der französischen Mannschaft sind also insgesamt ordentlich. Nur ist es so: Der Erfolgsdruck, der seitens der Medien und des Publikums auf dem Team der Gastgebernation lastet, ist enorm, und deshalb können sich französische Fahrer nicht mit mittelmäßigen Leitungen zufriedengeben. Sie müssen gut sein, sogar ausgezeichnet und überragend! Sie müssen ihr Publikum begeistern.

Am Abend der sechsten Etappe, am Ende eines langen, heißen Tages, beschließt Sartre, seine Schützlinge zu einer Besprechung zu versammeln. Wie stets seit Beginn der Tour haben die französischen Fahrer erneut den ganzen Tag im Schutz des Pelotons verbracht und sich keineswegs blamiert (Vraczyk ist Etappenfünfter geworden), eine Ruhmestat ist ihnen jedoch nicht gelungen. Der französische Teammanager muss reagieren.

»Männer, wenn ich euch heute Abend außer der Reihe zusammenrufe, dann, weil die augenblickliche Situation mir nicht recht behagt. Ich würde sogar sagen: Sie gefällt mir ganz und gar nicht. Warum das? Weil ich mich den ganzen Tag im Begleitfahrzeug langweile. Nie kann ich mich begeistern, nie gebt ihr mir Anlass, von etwas Großartigem zu träumen! Ich habe das Gefühl, als würdet ihr euch in euren Rollen behaglich einrichten, als würdet ihr euch selbst dazu verdammen, nie aus ihnen auszubrechen. Du, Jacques, warum begnügst du dich damit, nur der Konkurrenz hinterherzufahren? Du sicherst deinen Platz in den Top Ten ab, okay, das schon. Aber durch einen Angriff, bei dem du das Risiko eingehst, dich zu zeigen, könntest du vielleicht noch mehr erreichen. Jean, du weißt, dass du bei Massenankünften zwar vorn dabei, aber nicht der allerschnellste bist. Also komm dem Sprint voraus. Trau dich! Vielleicht schnappen sie dich vierhundert Meter vor dem Ziel, aber vielleicht kommst du auch durch... Und du, Maurice, worauf wartest du? Wann willst du endlich einen deiner langen Ausritte wagen, die dein Geheimnis sind? In der vierten Woche? Wenn wir in Paris angekommen sind, ist es zu spät... Dass Blaise sich im Feld verschanzt, kann ich akzeptieren. Für ihn, der sich jeden Tag im hinteren Teil des Pelotons plagt, wäre es schon ein Erfolg, Paris zu erreichen... Aber warum fahrt ihr anderen nicht offensiver? Himmel, bitte mehr Engagement! Was sagt ihr da? Dass das alles nicht so einfach ist, dass wir nicht in einem Computerspiel sind und die Konkurrenz euch daran hindert zu tun, was ihr möchtet? Das ist zu einfach! Es fehlt euch der Wille! Ihr sucht euch faule Ausreden, um nichts zu unternehmen. Verängstigt dich der Gedanke anzugreifen, Jean? Dieses Gefühl darf dich nicht hemmen. Im Gegenteil, es muss dir helfen, über dich hinauszuwachsen, denn es ist Zeichen deiner Freiheit. Und du, Jacques, was sagst du? Ich kann dich nicht hören... Die Hölle, das sind die anderen? Kann sein... Gut möglich, dass das Peloton ein grausames Gefängnis mit eigenen Sitten und Codes ist, die einen einschnüren. Diese wimmelnde Masse untergewichtiger Radsportler zieht euch in ihren traurigen und warmen Abgrund. Aber was hindert euch daran, euch zu befreien? Sicher nicht ich. Ich fordere euch im Gegenteil dazu auf, von eurer Freiheit Gebrauch zu machen und vorgefertigte Rennschemata in Stücke fliegen zu lassen. Statt bei dieser grässlichen Sommerhitze hübsch im heimeligen Schutz des Pelotons zu bleiben, greift lieber an. Handelt! Nutzt die Gelegenheit, denn es gibt nicht viele Teammanager, die eine solche Position vertreten und ihren Fahrern solche Freiheiten gewähren. Aber vielleicht seid am Ende ihr selbst die Hölle, weil ihr zu viel Angst habt, aus euren Sicherheiten auszubrechen…«

Nach diesen Worten traut sich niemand mehr, eine Bemerkung zu machen. Ohne einen Mucks verlassen die französischen Rennfahrer den Bus. Beim Abendessen wird kaum ein Wort gewechselt. Ist die Botschaft angekommen? Oder hat sich zwischen den Fahrern und ihrem Teamchef gegenseitiges Unverständnis eingenistet?

Etappe 7 – Troyes–Nuits-Saint-Georges

DER FINSTERNIS ENTKOMMEN

In der Schlange der Begleitfahrzeuge sitzt Sartre am nächsten Morgen fieberhaft gespannt hinter dem Steuer. Mehr noch als in den Tagen zuvor giert er nach der geringsten Information, die Radio Tour über den Verlauf der Etappe sendet. Mit einem Auge auf dem kleinen Monitor am Armaturenbrett versucht er inmitten dieses kunterbunten Knäuels, das bereit ist, sich erneut ein radsportliches Hauen und Stechen zu liefern, seine Fahrer in den vordersten Positionen ausfindig zu machen.

Wir sind am virtuellen Start. Noch ein paar Meter durch die Innenstadt und dann wird der Renndirektor seine Flagge am Ende des neutralisierten Abschnitts schwenken und das Rennen freigeben. Jetzt! Der echte Start ist erfolgt! Sofort kündigt man die Attacke eines deutschen Fahrers und eines Franzosen an. Wie so oft bei Flachetappen reagiert das Peloton nicht. Das Gelbe Trikot hält sogar kurz an, um am Straßenrand ein natürliches Bedürfnis zu befriedigen, stillschweigendes Zeichen für die Duldung des Ausreißversuchs. Damit ist klar: Das wird die Fluchtgruppe des Tages.

Obwohl Sartre weiß, dass die Erfolgsaussichten zweier Männer an der Spitze nahezu null sind, da die Mannschaften der Sprinter die Order haben, das Rennen für eine erneute Massenankunft zu kontrollieren, ist er dennoch aufgeregt und glücklich, weil seine Rede vom Vortag erhört worden ist. Er windet sich auf dem Fahrersitz. Aber wer ist sein Fahrer an der Spitze? Sicher weder Anquepil noch Vraczyk. Wahrscheinlich Tarin. Der ist Spezialist für lange Soloritte. Die Übertragung funktioniert nicht, die Kolonne der Begleitfahrzeuge durchquert einen Wald, in dem die Antennen keinen Empfang haben. Endlich eine Durchsage von Radio Tour:

»Hier die Namen der beiden Fahrer an der Spitze, die bei Kilometer vier schon einen Vorsprung von fünfundvierzig Sekunden besitzen: Startnummer siebzehn, Marx aus der deutschen Mannschaft, und Startnummer sechsundsechzig aus der französischen Mannschaft, Pascal.«

Pascal? Kann nicht sein. Die Kommissäre der Rennleitung müssen sich geirrt haben! Pascal hat in den letzten Tagen doch schon Schwierigkeiten gehabt, überhaupt im Peloton zu bleiben. Er kann heute unmöglich zu den Ausreißern gehören.

Die Kommissäre geben den Begleitfahrzeugen ein Zeichen. Sie dürfen jetzt zu ihren Fahrern an der Spitze aufschließen, um

Anweisungen zu geben, sie zu verpflegen oder bei Bedarf technische Hilfe zu leisten. Sartre beeilt sich, das Peloton zu überholen, nicht ohne dabei auf der Suche nach Pascal einen Blick aufs hintere Feld zu werfen, wo er sich üblicherweise aufhält. Doch nein, es stimmt also: Pascal ist vorn und scheint nicht an Kräften zu sparen, um den Vorsprung der Ausreißer zu vergrößern.

»Ruhig, Kleiner. Du machst das gut, aber verausgabe dich nicht zu früh. Die Etappe ist lang. Heute ist es wieder sehr heiß. Denk daran, genug zu essen und zu trinken. Und teil dir die Kräfte ein, lass deinen Begleiter arbeiten. Ganz egal, ob du voll fährst oder nicht, das Peloton entscheidet über den Vorsprung.«

Sartre ist in seinen Anweisungen professionell und nüchtern geblieben, aber innerlich ist er stolz über das Verhalten des Tour-Debütanten, der, nachdem er die letzten Tage über so gelitten hat, sich jetzt erhobenen Hauptes ins Getümmel wirft. Natürlich ist die Mühe vergebens. Früher oder später kommt das Peloton zurück. Aber es tut einfach gut, mal etwas Courage zu sehen!

Während des Großteils der Etappe hält das Peloton den Abstand zu den Ausreißern stabil bei drei bis vier Minuten. Das mag nach viel aussehen, aber in Wirklichkeit ist es gar nichts: Sobald die Teams der Sprinter sich intensiver abwechseln werden, schwindet der Vorsprung der Spitzengruppe unglaublich schnell. Es ist die Macht der großen Zahl… Fünfzig Kilometer vor dem Ziel ist das Peloton dann auch schon auf eine Minute dreißig an die Ausreißer heran. Aber das scheint etwas zu früh: Die Mannschaften der Sprinter beschließen, ein wenig Tempo rauszunehmen, um nicht zu schnell zur Spitze aufzuschließen.

Denn dann wären sie wiederum der Gefahr von Gegenangriffen erheblich frischerer Fahrer ausgesetzt, die viel schwieriger zu kontrollieren wären als zwei Ausreißer nach einer langen Flucht.

Vorne hat man sich nicht verrückt machen lassen. Den Anweisungen Sartres folgend, haben Marx und Pascal ihre Kräfte im ersten Teil der Etappe so weit wie möglich geschont, um im Finale noch einmal zusetzen zu können. Als das Peloton langsam aufschloss, haben sie ihr Tempo nicht verändert. Denn auch sie wissen genau, dass ein zu früher Zusammenschluss nicht im Interesse der Sprinter ist. Früher oder später würden sie hinten im Feld gewiss wieder etwas rausnehmen. Und genau in diesem Moment heißt es, scharf zu beschleunigen, damit das Peloton überrascht wird und der Abstand erneut anwächst.

Fünfzig Kilometer vor dem Ziel, während einige Fahrer das eingeschlafene Tempo im Feld nutzen, um einem wichtigen Bedürfnis am Straßenrand nachzukommen oder sich zu ihren Teamfahrzeugen zurückfallen zu lassen, um ein paar Bidons zu besorgen, beschließen Pascal und Marx – die über das Geschehen hinter ihnen stets bestens informiert sind – darum, jetzt endlich Vollgas zu geben und alles auf eine Karte zu setzen. Eine Strategie, die sich auszahlt, denn bei der nächsten Zeitnahme beträgt der Vorsprung wieder vier Minuten. Bis die Teams der Sprinter sich neu organisiert haben, sind es schon vier Minuten dreißig geworden, bei noch fünfunddreißig Kilometern bis ins Ziel!

Im Begleitfahrzeug sitzt ein zusehends erhitzter Sartre, dessen Gesicht immer röter anläuft. Sollte ihm die immer noch stickige Hitze zu schaffen machen? Nein, es ist nur der Anstieg seines Adrenalinspiegels; er beginnt nämlich an die Siegchance seines Schützlings zu glauben! »Los, mein Kleiner, los! Was du da machst, ist ganz groß!«, schreit er immer wieder mit dem Kopf aus dem Wagenfenster in Richtung Pascal, während er gleichzeitig die übrigen Mitglieder der französischen Mannschaft auffordert, vorn im Peloton die Jagd auf Pascal zu stören.

Immer noch drei Minuten Vorsprung, zwanzig Kilometer vor dem Ziel…

Wenn die alte Daumenregel zutrifft, formuliert vom berühmten Radsportreporter Chapatte, dass ein Peloton einer frühen Fluchtgruppe im Finale der Etappe auf zehn Kilometern eine Minute abnimmt, dann müsste es reichen! Aber ist dieses Gesetz im modernen Radsport noch gültig, heute, wo die Sprinter immer eindrucksvollere Kollektivkräfte zur Verfügung haben?

Wie auch immer, niemand teilt jetzt mehr seine Kräfte ein. Vorne hält sich keiner mehr zurück. Marx und Pascal geben ohne Hintergedanken alles, was noch in ihnen steckt, fast sieht es aus, als würden sie die Trofeo Baracchi bestreiten, das legendäre Paarzeitfahren in Italien. Hinter ihnen herrscht Panik an Deck. Es sind um die zehn Fahrer verschiedener Mannschaften, die sich in der Verfolgung zusammengetan haben und mit dem Messer zwischen den Zähnen Vollgas geben.

Eine Minute zwanzig an der Zehn-Kilometer-Marke… Der Abstand ist geschmolzen, aber es bleibt machbar. Denn auf den letzten Kilometern bekommen die Fahrer Rückenwind, was die Ausreißer an der Spitze begünstigt.

Verdammt! Acht Kilometer vor dem Ziel muss Marx abreißen lassen, als Pascal auf einer langen falschen Ebene eine harte Führung fährt. Schon zu zweit stand es auf Messers Schneide, aber nun, allein auf sich gestellt, würde es an eine Meisterleistung grenzen, wenn nicht gar an ein Wunder... Aber Pascal hat den Glauben und Sartre glaubt ebenfalls, dass nichts unmöglich ist.

»Los, Junge, gib alles!«, brüllt der Teamchef, als täte sein Fahrer das nicht schon längst... »Hör auf zu rechnen, fahr einfach. Der Sieg winkt. Auf geht's, mein Kleiner!«

Die Kommissäre geben Sartre ein Zeichen, dass der Abstand zum Feld unter eine Minute gesunken ist, was bedeutet, dass »Barrage« errichtet wird: Laut Reglement darf er sich mit dem Begleitauto nicht mehr zwischen seinem Fahrer und dem Peloton aufhalten. Wie beim Start wird er das Ende des Rennens aus der Distanz verfolgen und sich mit den Informationen begnügen müssen, die ihm die Fernsehregie oder Radio Tour liefern. Sechs Kilometer vor dem Ziel hält er am Straßenrand an, um das Peloton vorbeizulassen. Bei der Gelegenheit stoppt er selbst den Abstand mit seiner Uhr. Fünfunddreißig Sekunden. Über Funk gibt er Pascal durch, er liege fünfundvierzig Sekunden vorn. Was ist schon eine kleine Lüge, wenn sie seinem Fahrer hilft, die Motivation für einen Etappensieg bei der Tour zu steigern? Als die ersten Fahrer des Pelotons an ihm vorbeifliegen, versucht er, ihre Gesichter zu analysieren. Er möchte die Grimassen des Schmerzes deuten, aber sie fahren viel zu schnell, als dass er irgendetwas erkennen könnte. »Go, go, mein Pascalou! Hinten sind sie am Anschlag, es wird reichen!«

Und tatsächlich, die Mannschaftskollegen der Sprinter fahren komplett am Anschlag. Mit Gesichtsausdrücken von Gefolterten stehen sie kurz davor zu resignieren, sie können kaum noch zulegen. Nur noch zwei Kilometer und immer noch fünfundzwanzig Sekunden. Der Sieg ist denkbar!

»Los, mein Großer! Du bist gleich da! Denk daran, wo du herkommst! Denk an den Ruhm, der dich erwartet! Denk an deine Frau und deine Kinder!« Von seiner eigenen Begeisterung mitgerissen, hat Sartre sich nicht einmal gefragt, ob Pascal überhaupt Frau oder Kinder hat. Um auf Nummer sicher zu gehen, legt er noch mal nach: »Denk an die Unsterblichkeit, die dir der Sieg verleihen wird! Die anderen werden namenlos bleiben, aber deine Heldentat wird die Jahrhunderte überdauern! Nur noch ein Kilometer. Komm schon, mein Kleiner, um Himmels willen! Sie sind dir auf den Fersen, diese kleinen Teufel, aber sie werden dich nicht packen! Dreh dich vor allem nicht um! Sich umdrehen heißt, zu zweifeln, heißt, für ein paar Momente den Faden zu verlieren, heißt, sich dem Wind der Niederlage preiszugeben, heißt, aufzugeben. Du musst konzentriert bleiben! Los, bis zum Schluss! Es ist fast vorbei, gleich bist du durch… Aber vor allem dreh dich nicht um… Dreh dich nicht…«

Plötzlich eine Durchsage von Radio Tour: *»Man teilt uns einen Sturz an der Vierhundert-Meter-Marke mit. Betroffen ist der ausgerissene Fahrer mit der Startnummer sechsundsechzig, Pascal.«*

Pascal hat sich umgedreht. Wie Orpheus, der verzweifelt die geliebte Eurydike erblicken wollte, hat er sich nicht davon abhalten können, ein Auge in Richtung dieser teuflischen Meute zu werfen, die ihm auf den Fersen war. Er hatte das Rennen schon gewonnen. Er wollte sich lediglich vergewissern und seinen Vorsprung abschätzen. Nur ein kleiner Riss im Asphalt. Pascal schaute nach hinten und hat ihn nicht gesehen. Sein Vorderrad verkantete sich in dem Riss und zusammen mit dem Gleichgewicht verlor Pascal alle Illusionen.

Sartre ist über seinem Lenkrad zusammengesunken, er ist untröstlich. »Wir sind verflucht, wir sind verflucht…«, ist sein Klagen noch lange zu hören.

Etappe 8 – Dole–Les Rousses

WEISHEIT UND WAHNSINN, DIE WEISHEIT DES WAHNSINNS

Die Tour lässt einem keine Zeit, mit seinem Schicksal zu hadern, keine Zeit, vor Verzweiflung zu vergehen, keine Zeit, seine Emotionen an sich heranzulassen. So tief sie auch sein mögen, die Wunden eines Tages müssen am nächsten Tag verheilt sein, denn jeden Morgen beginnt ein neues Abenteuer.

Was wird die Fahrer auf dieser achten Etappe erwarten? Es ist im Augenblick verfrüht, Genaues zu sagen. Was bekannt ist, das ist die Spielstätte: ein Parcours von hundertachtzig Kilometern durch das Jura, hügelig ohne Ende; eine echte Mittelgebirgsetappe, die ein abwechslungsreiches Rennen begünstigt!

Ebenso lässt sich auch über Kräfteverhältnisse im Feld sprechen, über die Herausforderungen der Etappe und über die Ambitionen der verschiedenen Fahrer: Die Ziele sind vielfältig, und manchmal widersprüchlich. Viele werden es darauf absehen, in die Fluchtgruppe des Tages zu kommen, da diese große Chancen hat, den Etappensieg unter sich auszumachen. Pascal hingegen wird lediglich hoffen, das Ziel des Tages innerhalb des Zeitlimits zu erreichen, während er sich von der gestrigen Anstrengung erholt und von den schweren Prellungen und Zerrungen, die er sich bei seinem Sturz zugezogen hat. Spinoza wird sein Gelbes Trikot verteidigen wollen, während Sokrates davon träumt, es ihm zu entreißen...

Aber Spinoza macht einen starken Eindruck. Er wird nicht leicht abzuhängen sein. Vor allem kann er sich auf eine starke Mannschaft verlassen.

Also gilt es, listig zu sein, zu tricksen, sich etwas einfallen zu lassen. Wenn Sokrates mit seinem Angriff bis auf die letzten Kilometer wartet, wird es ein Leichtes sein, ihn wieder zurückzuholen. Wenn er seine Mannschaft bittet, von Anfang an ein hohes Tempo anzuschlagen, in der Hoffnung, die Konkurrenz könnte Schwächen zeigen, erlebt er womöglich sein blaues Wunder. Sein Credo lautet: Wer nicht wagt, der nicht gewinnt! Etwas riskieren, sich zeigen, attackieren!

Ja, aber wann? Er wird den richtigen Moment für seine Offensive abpassen müssen: nicht zu früh, weil man sich sonst unnötig vorn verausgabt, und nicht zu spät, damit es noch möglich ist, entscheidende Abstände herauszufahren. Alles ist eine Frage des *Timings* oder – um einen Begriff Aristoteles' zu verwenden – des *Kairos*.

Was bedeutet dieses ominöse Wort? Was verbirgt sich hinter diesem *Kairos*? Ist es wieder eine Angelegenheit des rechten Maßes? Nein, ganz und gar nicht. Beim *Kairos* geht es nicht um rationales Kalkül oder Kontrolle. Ganz im Gegenteil ist es die Kunst, den richtigen Moment zu spüren, den Zeitpunkt, an dem man eben aus der kühlen Berechnung und Zurückhaltung ausbricht, um das Rennen in Brand zu setzen.

Das Leben eines Spitzensportlers ist zu fünfundneunzig Prozent von Zurückhaltung und Selbstbeherrschung geprägt – vom Apollinischen, wie es Nietzsche nennt, in Anlehnung an den griechischen Gott der Schönheit, der rechten Proportion und der Poesie. Diese Zeit der Vorbereitung dient eben dazu, alles Unvorhersehbare auszuschließen, die eigene Leistung zu objektivieren und ihr eine fast wissenschaftliche Messbarkeit zu verleihen. Auch im Rennen geht es darum, alle Parameter zu kontrollieren: Zunächst einmal muss man natürlich seine Kräfte gut einteilen, aber ebenso gilt es auch, stets die eigene Position im Peloton im Blick zu behalten, seine Ernährung, seinen Schlaf, die Äußerungen gegenüber den Medien. Die ganze Zeit über ist man im Kontrollmodus.

Die ganze Zeit? Fast die ganze Zeit... Mitten in diesem Ozean der Rationalität kann sich jederzeit eine Welle des Wahnsinns erheben. Mehr noch: Sie *muss* sich erheben, damit aus dem redlichen, aber mittelmäßigen Rennfahrer ein Champion wird. Diese irrationale Welle ist eine Sache des *Kairos*. Alles ist unter Kontrolle, und dann, plötzlich, spürt man, ohne dass man weiß warum, dass der Moment gekommen ist, um Risiko, Exzess und Maßlosigkeit zuzulassen. Apollon muss Dionysos weichen, dem Gott des Weins und der Trunkenheit...

Sokrates ist ein grundsätzlich apollinischer Radrennfahrer. Davon zeugen sein perfekter Auftritt im Zeitfahren, seine gelassene Kaltblütigkeit beim Sieg an der Planche des Belles Filles oder auch seine minutiöse Vorbereitung in den Wintermonaten. All das ist Ausdruck seines Willens, dem Zufall keine Chance zu lassen. Aber Sokrates ist auch ein Champion, der weiß, dass er zu gegebener Zeit dem Dionysischen eine Chance lassen muss. Heute, zwischen Dole und der Skistation Les Rousses, ist dieser Moment gekommen. Es ist an der Zeit, Weisheit in Wahnsinn zu verwandeln und die Eroberung des begehrten Gelben Trikots anzugehen.

Die griechische Mannschaft hat Aristoteles mit in die frühe Ausreißergruppe geschickt, die sich gleich zu Beginn der Etappe von dannen macht. Denn das ist der Plan: einen Mann vorne zu haben, der Sokrates eventuell zu einem späteren Zeitpunkt im Rennen unterstützen kann. Auch die Improvisation will gut vorbereitet sein...

Die Strecke führt über verschlungene Straßen, kleinere Anstiege und Abfahrten im steten Wechsel. Die Niederländer können den Vorsprung, den das Peloton den Ausreißern gewährt, bequem verwalten, Erasmus ist ein unermüdlicher Rouleur. Sie glauben, einen relativ ruhigen Tag vor sich zu haben.

Doch plötzlich, mehr als vierzig Kilometer vor dem Ziel, setzt Sokrates in einem steilen Anstieg plötzlich eine trockene Attacke. Da ist er, dieser Moment des Wahnsinns! Der überrumpelte Erasmus reagiert nicht sofort. Auch Spinoza nicht. Statt die eigene Ordnung aufzulösen, indem sie versuchen, Sokrates so schnell wie möglich wieder einzufangen, beschließen die Niederländer, einen Zug zu formieren und die Lücke mit gleichmäßig hohem Tempo zu schließen. Soll sich Sokrates doch unnötig vorne verschleißen: Umso mehr Zeit wird er im Finale verlieren, wenn er nach seiner selbstmörderischen Attacke wieder eingeholt ist!

Nur scheint Sokrates nicht zu ermüden. Ganz im Gegenteil. Offenbar beflügelt von der Vorstellung, am Ende der Mühsal dieses Gelbe Trikot zu bekommen, vergrößert er seinen Vorsprung schnell. Auf kurvenreichen Straßen, die ihn als Solisten bevorteilen, geht er in den Abfahrten absolut enthemmt volles Risiko. Die Anstiege fliegt er geradezu hinauf. Sokrates ist in Flammen, schwerelos, in entfesselter Ekstase.

Aristoteles, der noch immer vorne in der Ausreißergruppe sitzt, wird über die Offensive seines Kapitäns informiert. Seine eigenen Chancen auf den Etappensieg einem höheren Zweck opfernd, lässt er sich aus der Gruppe zurückfallen, um auf seinen Kapitän zu warten. Nachdem Sokrates zu ihm aufgeschlossen hat, wirft Aristoteles sich ins Zeug, um den Vorsprung auf die Verfolger auszubauen.

Dahinter im Feld dämmert den Niederländern allmählich das Ausmaß der Bedrohung. Alle spannen sich ein, um den ungestümen Herausforderer wieder zur Räson zu bringen. Zu spät: Sokrates ist auf Nimmerwiedersehen enteilt. Er rollt mit sechsundfünfzig Sekunden Vorsprung auf Spinoza über die Ziellinie. Zuvor hatte sein Rückstand im Gesamtklassement achtundzwanzig Sekunden betragen. Seine Wette ist aufgegangen. Das Gelbe Trikot gehört ihm.

Am Abend nach der Etappe fragen sich alle Kommentatoren fasziniert: War diese spektakuläre Offensive im Vorhinein geplant? Zum Teil schon. Sokrates wusste, dass er Risiko gehen musste. Aber auch die Inspiration spielte eine Rolle, die Improvisation und das Unvorhergesehene... Sokrates erkannte an diesem harten Anstieg die günstige Gelegenheit. Er wusste, dass Aristoteles sich vorne bereithielt, ihm zu helfen. Sein Instinkt befahl, es darauf ankommen zu lassen und die Würfel zu werfen. Sie landeten auf der richtige Seite. Es war das perfekte Zusammenspiel von Wissen und Gespür, eine glänzende Dosierung von Kontrolle und Exzess. *Kairos.*

Etappe 9 – Nantua–Chambéry

EINE FRAGE DER PERSPEKTIVE

Nach mehr als einer Rennwoche sind die Fahrer erschöpft. Sie sehnen sich nach dem ersten Ruhetag. Aber vorher gilt es, noch eine Etappe zu überstehen. Und was für ein furchterregendes Monster die Fahrer da erwartet: hundertachtzig Kilometer zwischen Nantua und Chambéry mit nicht weniger als viertausendfünfhundert Höhenmetern und vier Anstiegen, deren durchschnittliche Steigung bei zehn Prozent liegt. Unerhört!

Natürlich jagt diese Etappe allen Angst ein. Während sich Nicht-Kletterer vor allem darum sorgen, innerhalb der Karenzzeit anzukommen, fürchten die Favoriten einen Einbruch, der jede Hoffnung auf ein gutes Gesamtresultat bei dieser Tour zunichtemachen würde.

Vor allem Sokrates rechnet mit einem schweren Tag. Nach seiner Meisterleistung vom Vortag befürchtet er nun den Rückschlag. In einem dreiwöchigen Rennen muss man am Ende für jede Anstrengung den Preis zahlen… Vor allem weil seine Gegner, die Niederländer, aber auch andere Teams, nicht zögern werden, ihm die Rechnung zu präsentieren, sollte das Gelbe

Trikot nur die geringste Schwäche zeigen. Denn das ist die Tour: Vom Jäger wird man schnell zum Gejagten. Und was man so teuer gewonnen hat, kann im Nu zerrinnen…

Fern der Sorgen der Teilnehmer bereiten sich die Zuschauer darauf vor, irgendwo an der letzten Schwierigkeit des Tages, der Straße hinauf zum Mont du Chat, die Vorbeifahrt des Feldes zu erleben. Eingefleischte Tour-de-France-Fans, die schon seit mehr als einer Woche mit ihren Wohnmobilen vor Ort sind, verrückte Supporter, Feriengäste, Einheimische, die neugierig darauf sind, ihre Heimat in den Farben der Tour zu erleben, Hobbyfahrer, die unbedingt dieselben Strecken wie ihre Idole fahren möchten… Ein bunt gemischtes Publikum hat sich dank der Magie des Juli eingefunden.

Es ist noch vor Mittag, und die ersten Fahrer werden erst am späteren Nachmittag erwartet. Also muss man sich die Zeit vertreiben. Man improvisiert einen Grill, schlürft ein paar Pastis und unterhält sich über die Siegchancen der verschiedenen Fahrer. Ein herrlicher Tag. Die Stimmung ist entspannt und leutselig.

Im gleichen Moment ist die Stimmung in Nantua eine ganz andere. Einige Minuten vor dem Start haben sich die Fahrer an der Startlinie versammelt. Eine ungewöhnliche Spannung ist zu spüren. Wo die Fahrer sonst vor dem Rennen noch schwatzen und miteinander scherzen, herrscht heute Stille, kein Mucks ist zu vernehmen. Jeder wirkt konzentriert auf das, was ihn erwartet.

Es war eigentlich Sonnenschein angekündigt, aber der Himmel wirkt gerade bedrohlich. Eine Sorge mehr für die Fahrer:

Was anziehen? Windjacke oder nicht? Armlinge oder nicht? Vorsicht, dass die Finger in den Abfahrten nicht vor Kälte taub werden... Vorsicht, dass man in den Anstiegen nicht überhitzt... Manche lassen sogar Luft aus den Reifen. Man weiß ja nie, wenn die Straße nass und rutschig wird, hat man auf diese Weise etwas mehr Grip. Andere fragen sich, ob sie am Morgen genug gefrühstückt haben. Um auf Nummer sicher zu gehen, aus Angst vor einem Hungerast, fischen sie schnell noch einen Reiskuchen aus der Trikottasche und beißen ein Stück ab. Nur für alle Fälle. Aber auch nicht zu viel, denn den ersten Anstieg gleich ab Kilometer null sollte man nicht vollgestopft angehen.

Am Mont du Chat stellt man sich derweil keine derartigen Fragen: Alle Welt trägt T-Shirt und futtert Würstchen. Der Pastis regt die Diskussionen unter den Fans an. Man fragt sich, wie lange dieser ominöse, aus dem Nichts gekommene Sokrates sich noch an der Spitze behaupten kann. Einige stellen seine Redlichkeit infrage. Andere verteidigen ihn und begründen seinen derzeitigen Erfolg mit außergewöhnlicher Rennintelligenz. Niederländische Hobbyfahrer, die von der gestrigen Etappe gekränkt sind, prophezeien einen fürchterlichen Gegenschlag. Sie versprechen einen Sieg von Spinoza, der sich mit einem grandiosen Auftritt rächen wird.

Spontane Wetten werden organisiert. Neben Spinoza taucht der Name Anquepil häufig in den Vorhersagen auf. Deutsche Fans erwähnen auch Ullrig, der sich nach einem verhaltenen Beginn der Tour geschont habe, um auf dieser neunten Etappe nun gewaltig zuzuschlagen.

Gleich nachdem das Startzeichen gegeben ist, nehmen die Fahrer die erste Herausforderung des Tages in Angriff. Wie zu erwarten, ist das Tempo des Pelotons von Beginn an extrem hoch. Ziemlich schnell löst sich eine recht große Gruppe vom Hauptfeld – fast dreißig Fahrer. Die griechisch-lateinische Mannschaft, die nunmehr in der Pflicht ist, das Rennen zu kontrollieren, hat akribisch alle, die nach vorn wollten, »gesiebt«, damit sich kein gut platzierter Fahrer davonstiehlt. Diogenes, Aristoteles und Machiavelli werden der Fluchtgruppe ein wenig Freiraum lassen.

Das Problem nur: Wie bereits befürchtet, fühlt sich Sokrates nicht gut. So leichtfüßig er gestern unterwegs war, so schwere Beine hat er heute. Es wird ein langer Tag für ihn werden…

Auch am Mont du Chat wird es ein langer Tag. Glücklicherweise gibt es zur Unterhaltung der Zuschauer ja die Werbekarawane. Wie bei einem riesigen Karnevalsumzug ziehen eine Stunde lang Wagen vorüber, die sich in extravaganten Einfällen überbieten, um die Aufmerksamkeit auf sich zu lenken. Marke für Marke, Musik um Musik lösen sich ab und mit ihnen Studenten, deren Aufgabe es drei Wochen lang ist, schreiend und tanzend für Stimmung zu sorgen. All das erzeugt ein unvergleichliches audiovisuelles Patchwork, das der Tour einen Teil seiner Identität verleiht. Und dann sind da die berühmten »Geschenke«, die den Zuschauern aus den Wagen zugeworfen werden: Miniwürstchen, Schlüsselanhänger, Bonbons, Sonnenkäppis… selbstverständlich nur wertloses Zeug; dennoch stürzen Erwachsene und Kinder los, um die begehrten Schätze einzusammeln. Denn auch hier ist es nicht die Beute, die zählt, sondern die Jagd.

Kaum ist die Karawane vorübergezogen, ziehen einige Menschen schon wieder von dannen. Sie waren nur wegen der Stimmung gekommen, das eigentliche Rennen interessiert sie kaum. Andere dagegen schalten ihr altes Transistorradio ein, das sie extra mitgebracht haben, und halten sich über die Ereignisse auf dem Laufenden.

»Der Col du Grand Colombier ist erreicht, der vorletzte Anstieg des Tages, und das Rennen explodiert! Auf allen Ebenen kommt Bewegung in die Sache. Vorn hat sich die Gruppe der Ausreißer auf zehn Fahrer verkleinert, vor allem dank der offensiven Fahrweise des Spaniers Federico Vayamontes, der am Berg einen sehr starken Eindruck macht. Hinten hat die französische Mannschaft die Dinge in die Hand genommen und das Tempo in der vorangegangenen Abfahrt überraschend verschärft, was zur Folge hatte, dass das Peloton auseinandergefallen ist. Die Dinge haben sich dann bis zum Fuße des Grand Colombier halbwegs beruhigt, doch dann haben die Amerikaner die Franzosen in der Führung abgelöst. Sie halten das Tempo hoch, was weiteren Schaden im Hauptfeld anrichtet. Nicht mehr als zwanzig Mann sind noch zusammen, dahinter befindet sich alles in Auflösung und jeder ist auf sich gestellt. Indes scheint bisher keiner der Favoriten den Anschluss verloren zu sein. Aber Achtung, Sokrates, das Gelbe Trikot, fährt ganz hinten im Hauptfeld. Er muss kämpfen, um das von den Amerikanern diktierte Tempo mitgehen zu können. Nur ein Bluff oder ein Anzeichen für einen schlechten Tag? In einigen Kilometern werden wir es wissen.«

Jetzt wird es ernst. Genug der Würstchen, genug der Werbekarawane, genug der Feiertagsstimmung. Zeit für den Sport.

Die Fahrer kommen näher. Die Spannung steigt. Das Drama nimmt seinen Lauf. Nur noch eine Stunde, bis die Zuschauer am Mont du Chat den Epilog dieser dantesken Etappe erleben werden. Wer wird als Erster um die Kurve da unten kommen? Das Publikum will es endlich wissen. Jeden zieht das Rennen nun in seinen Bann, die Spannung baut sich immer weiter auf.

Im Kopf von Sokrates jedoch ist die Spannung erloschen. Den ganzen Tag hat er sich an sein Gelbes Trikot geklammert und es verteidigt, aber jetzt weiß er, dass seine Stunde geschlagen hat. Der Moment seines Einbruchs ist gekommen. In den ersten Kehren des letzten Berges spürt er, wie seine Kräfte ihn verlassen. Er kann sich noch so sehr auf die Effizienz seines Pedaltritts konzentrieren, noch so gut seine Kräfte einteilen, er wird unerbittlich Meter um Meter distanziert. Seine Gegner haben das schnell bemerkt und beschleunigen umso mehr. Sokrates ist dabei, alle Hoffnungen auf einen Erfolg im Gesamtklassement einzubüßen.

Das Führungsfahrzeug, das vor der Spitzengruppe fährt, vermeldet es über Lautsprecher: »Schon zu Beginn des Mont du Chat ist das Gelbe Trikot distanziert, unwiderruflich abgehängt!« Die Zuschauer sind also über die Ereignisse im Favoritenfeld auf dem Laufenden, aber sie haben keine Ahnung, was sich in der Spitzengruppe abspielt. Haben die verbliebenen Ausreißer einen ausreichenden Vorsprung, um den Etappensieg unter sich auszumachen? Wer kann den letzten Berg nutzen, um sich allein abzusetzen und einen Prestigeerfolg zu holen? Vayamontes hat an den vorangehenden Anstiegen einen starken Eindruck gemacht. Viele rechnen damit, dass er sich absetzen kann. Auch die deutschen Fans scheinen resigniert zu haben. Heute wird Ullrig sich bestimmt nicht durchsetzen können.

Die letzten Motorräder der Sicherheitseskorte kommen vorbei. Von weitem sieht man die überschwängliche Menge, die sich im letzten Augenblick vor den Fahrern an der Spitze teilt und eine enge Gasse freigibt. Es ist ein einzelner Mann in Führung! Bestimmt Vayamontes... Aber nein! Doch was ist das für ein Trikot? Es ähnelt keiner bekannten Flagge. Nein, das ist doch nicht möglich... Könnte es Nietzsche sein, der einzige Fahrer unter neutraler Flagge? Ja, er ist es tatsächlich! Unglaublich!

Nach seinem spektakulären Auftritt im Zeitfahren auf der ersten Etappe hatte Nietzsche eine sehr durchwachsene erste Woche verlebt, so dass viele schon seine Anwesenheit bei der Tour vergessen hatten. Als Namenloser unter Namenlosen verbrachte der Velosoph seine Tage im Peloton, schön geborgen im Warmen. Er war nie unter den ersten, die abreißen lassen mussten, machte aber auch nicht groß von sich reden. Vermutlich versuchte er, sich zu verstecken und bedeckt zu halten. Es gelang ihm so gut, dass auf dieser Etappe nach Chambéry niemand darauf geachtet hatte, dass er zur Ausreißergruppe gehörte. Möglicherweise lagen Nietzsche weder Ebenen noch Hügel, sondern er wartete auf die richtigen Berge, das Hochgebirge, um sich endlich zu beweisen. Nun sind alle Blicke auf ihn gerichtet.

Als sich die Menschenmauer vor ihnen endlich öffnet und den Blick aufs Rennen freigibt, wirken die deutschen Fans wie erschlagen vom kraftvollen, mächtigen Eindruck, den der Fahrer an der Spitze verströmt. Nietzsches Pedaltritt ist gleichmäßig, locker, gelöst. Sein Atem geht regelmäßig. Wo andere eine von Anstrengung verzerrte Grimasse ziehen, sieht man in den Mundwinkeln des Kletterer-Philosophen allenfalls ein kleines Grinsen - als einziges Zeichen eines Schmerzes, der, wenngleich vorhanden, in seinem Fall gewollt und nicht erlitten ist. Nietzsche scheint mit seinem Rad zu spielen. Als würde er mit der Qual tanzen.

Die deutschen Fans stehen buchstäblich im Bann des Champions - darum feuern sie ihren Landsmann weder an, noch applaudieren sie ihm. Es liegt nicht daran, dass er kein deutsches Nationaltrikot trägt; nein, es ist einfach so, dass die Deutschen, statt diesen Mann anzubeten oder auf einen Sockel zu heben, es vorziehen, stumm seine Leistung zu bewundern, die reine physische Darbietung. Und wenn sie am Straßenrand glauben, nur einen flüchtigen, kurzen Blick des Ausreißers in ihre Richtung wahrzunehmen, dann fühlen sie sich selbst als Teil dieser Heldentat, so, als säßen sie selbst auf dem Rad und führen mit Nietzsche hinauf zum Gipfel.

Dreißig Sekunden später ist Nietzsche wieder aus dem Blickfeld verschwunden. Die Aufregung verfliegt. Andere Fahrer ziehen vorüber, einer nach dem anderen, jeder kämpft für sich gegen die Steigung und die Erschöpfung an. Bei keinem anderen spüren die deutschen Fans so sehr dieses magische Gefühl der Verbundenheit, das sie für den Fahrer an der Spitze empfanden. Aber andere Zuschauer werden die gleiche Leidenschaft für andere Rennfahrer empfinden: einige für Vayamontes in seiner heroischen Verbissenheit, Nietzsche noch einzuholen; andere für Spinoza bei dessen grandiosem Versuch, sich das zurückzuholen, was ihm am Vortag geraubt wurde; wiederum andere schließlich für Sokrates, der – trotz seines leeren Blicks – in der Niederlage groß wirkt…

Stunden, manchmal Tage des Wartens, nur für einige Sekunden flüchtiger Leidenschaft. Es steht in keinem Verhältnis. Und doch rechtfertigt die Intensität dieser Momente sportlicher Kommunion alle Zeit, die in der Erwartung ihres Eintreffens verbracht wurde.

Athleten und Zuschauer leben in zwei komplett verschiedenen Welten. Die einen gehen voll und ganz in der Aktion auf. Sie setzen alles auf ein paar Rennstunden. Für sie ist die Tour eine ernste Sache. Und häufig regen sie sich über Touristen in Badehosen auf, die sie nur beiläufig vom Straßenrand aus betrachten, oder über diese Pseudofans, die in den Anstiegen neben ihnen her laufen, wenn sie sie nicht sogar beschimpfen. Die Rennfahrer wollen, dass das Publikum nur wegen ihnen da ist.

Die Zuschauer sind meistens da, um sich zu entspannen. Sie haben Spaß daran, der Tour zu folgen, so, wie man gern einer Fernsehserie folgt. Sie nehmen sie sicher ernst… bis die wirklich wichtigen Dinge des Lebens wieder die Oberhand gewinnen. Am Ende ist die Tour für sie nur ein Zeitvertreib.

Doch trotz allem, was sie unterscheidet, kommt es dennoch bisweilen vor, dass sich der Zuschauer am Straßenrand und der Akteur auf dem Rad treffen und etwas Magisches entsteht. Mitunter geschieht es, dass ihre auf den ersten Eindruck so unglaublich weit voneinander entfernten Welten für die Dauer eines Blickwechsels zur Deckung kommen. Aus dieser flüchtigen Begegnung gehen alle Beteiligten gestärkt hervor. Anschließend kehren sie in ihre jeweilige Welt zurück und gehen ihren üblichen Beschäftigungen nach – die einen treten in die Pedale; die anderen gehen arbeiten, führen ein Familienleben und was nicht noch alles. Aber es hat diesen Augenblick gegeben, einen dieser Momente, die den Sport lebendig machen, die uns die Tour ans Herz wachsen lassen und uns dazu bringen, wiederzukommen.

Ruhetag

TAG DES ENTZUGS

»Nie wieder!« Das sagen sich die Fahrer nach dieser fürchterlichen Bergetappe, auf der sie so gelitten haben. Im Flugzeug, das sie von Chambéry nach Bergerac bringt, wo sie morgen den Ruhetag genießen dürfen, versprechen sich alle, dass sie nie wieder so sehr leiden werden. Vom Ersten (Vayamontes, Etappensieger nach einer glänzenden Abfahrt, in der er Nietzsche einholte) bis zum Letzten (Sokrates, der mit mehr als fünfzehn Minuten Rückstand auf das neue Gelbe Trikot, den Amerikaner Hilary Pushman, in einem Zustand totaler Erschöpfung eintraf) glauben alle, bis ans Ende ihrer Kräfte gegangen zu sein. Sicher, die Tour geht weiter, aber nie wieder werden sie eine so extreme Anstrengung wiederholen. Sie wollen es auch gar nicht. »Was für ein Glück, jetzt einen Ruhetag zu genießen. Möge er endlos dauern!«

Genau wie den Berichterstattern der Tour, die darüber melancholisch werden, nichts kommentieren zu können, fehlt gegen

Ende des nächsten Vormittags auch den Rennfahrern etwas. Sie fühlen eine kleine Leere in sich. Eine körperliche Leere. Es fehlt ihnen das Adrenalin des Starts. Heute muss mit keiner Qual gerechnet werden, kein Schmerz ist zu befürchten: Paradoxerweise ist es genau das, was ihnen fehlt.

Freud ist sich dessen durchaus bewusst: Das Leiden ist die Droge des Radrennfahrers, sein masochistisches Vergnügen, sein morbider Genuss. Wie abstoßend diese Droge auch wirken mag, es fällt nicht leicht, ihr zu entsagen. »Nie mehr, aber gebt mir noch einen allerletzten kleinen Schluck!«, sagt er sich, während er ausgestreckt auf seinem Bett liegt und ungeduldig auf das Ende des Tages wartet.

Pascal bekennt sich ebenfalls zu seiner Sucht. »Das ganze Unglück der Menschen rührt allein daher, dass sie nicht ruhig in einem Zimmer zu bleiben vermögen«, rechtfertigt er sich leicht beschämt, als man ihn fragt, warum er an diesem Ruhetag eine Ausfahrt von hundert Kilometern unternommen hat. Was soll man denn machen? Der Mensch braucht ein wenig Bewegung. *A fortiori*, seit er weiß, dass Gott tot ist…

Also beschäftigt man sich gedanklich mit dem Rennen, trauert Chancen nach, heckt Pläne aus, denkt voraus. Gewisse Fahrer studieren jedes Klassement im Detail. Andere besprechen die strategischen Ausgangspositionen der verschiedenen Mannschaften oder versuchen, die Erfolgswahrscheinlichkeit zukünftiger Ausreißversuche zu berechnen. Schließlich stürzen sich einige auf das *Roadbook* der Tour, die Bibel des Rennens, und studieren ganz genau die Streckenverläufe und Höhenprofile der Etappen, die sie in der zweiten Rennwoche erwarten. Kurzum, mangels Aktion nutzt man kleine Tricks als Surrogat der Erregung; sobald die Wirklichkeit des Leidens vergessen ist, träumt man, wieder von der Qual zu kosten…

Etappe 10 – Périgueux-Bergerac

KARTE UND GEBIET

Was ist es doch herrlich, zu träumen und Bewegung nur zu simulieren! Aber irgendwann muss der Traum vorbei sein, damit er seinen Reiz und seinen Wert behält. Wäre eine Welt, in der alles nur reine Vorstellung ist, denn nicht entsetzlich fade? Bedauern, sich erinnern, vorausdenken, ein Rennen visualisieren – das alles setzt ein Handeln voraus. Die handfeste Auseinandersetzung mit der Realität ist ein Muss.

Diesen Imperativ, diese Notwendigkeit, der anspruchsvollen Beschaffenheit des realen Terrains entgegenzutreten, erlebt der Radrennfahrer tagtäglich. Denn ständig wird er mit dieser großen Wahrheit konfrontiert: Die Karte ist eine Sache, das Gebiet ist etwas ganz anderes.

Die Landkarte hat den Nachteil, unveränderlich zu sein. Ihr Maßstab steht fest, während ein Gebiet ganz anders wirkt, je nachdem ob man es mit dem Auto, dem Flugzeug oder einem Fahrrad durchquert. Stellen Sie sich die Summe aller Anstrengungen vor, um die kaum hundert Kilometer von Nantua nach Chambéry mit dem Rad zu bewältigen, die ganze erbitterte

Hingabe, die notwendig ist, diese Alpenpässe zu überwinden... Dieselben Berge werden eine Stunde später in nur wenigen Minuten mit dem Flugzeug überflogen, das die Fahrer in den Südwesten Frankreichs bringt. Dann sind diese Pässe nichts. Die »Tour« de France ist nichts. Eine Lappalie. Nur eine Flugstunde und schon ist das gesamte Land überquert. Das kann einen Radfahrer schon wahnsinnig machen.

Eine Landkarte kann die Fahrer erheblich in die Irre führen. Nehmen Sie nur einmal die Etappe Périgueux-Bergerac. Auf dem Papier sieht sie einfach aus. Im *Roadbook* ist ihr Profil beinahe eben. Alle Kommentatoren bezeichnen sie als flache Überführungsetappe. Geht es nach ihnen, werden die Führenden im Gesamtklassement sich im Windschatten ausruhen können, während sich nur ein paar Übermütige um die Ehrenpreise des Tages balgen. Tatsächlich jedoch ist der Tag eine unablässige Abfolge kleiner Abfahrten und kurzer Anstiege und ebenso vieler Messerstiche in den Beinen der Athleten. Diese wissen übrigens nur zu gut, dass eine Karte nicht alles sagt und dass man – Kapitän oder nicht – in die Pedale treten muss, um von A nach B zu kommen.

Ein weiterer Hinterhalt der Landkarte offenbart sich, wenn auf den letzten Kilometern des Tages heftiger Gegenwind über die Straße fegt, der das Vorankommen der Ausreißer behindert und das Kräftemessen vereitelt, das sie sich gern mit dem Peloton liefern wollten. Es war nicht die Karte, die die Erfolgsaussichten der Fluchtgruppe zunichte gemacht hat – gescheitert sind sie am Gebiet und seinen Unwägbarkeiten.

Hinzu kommt schließlich die Unvollständigkeit der Karte, weil sie nicht alle Details eines so komplexen Raums wie der

Stadteinfahrt von Bergerac abbilden kann, wo an diesem Tag die Zielankunft der Etappe stattfindet. Bebauung, Straßenverengungen, Kreisverkehre – das *Roadbook* mag sich alle Mühe geben, alle Feinheiten des Finales aufzuführen, doch niemals kann es wiedergeben, wie ein Rennfahrer diese Situation erfährt. Die Karte liefert den Sprintern objektive Hinweise, letztlich aber werden diese Angaben vom Instinkt überstimmt, der ihnen befiehlt, sich zu einem bestimmten Zeitpunkt neu zu positionieren, diese oder jene Straßenseite zu wählen, weil der Belag dort besser ist, und den Sprint zum Zeitpunkt X zu beginnen.

Analysieren, beschreiben, entschlüsseln, alles schön und gut; aber nichts wird je die Anwesenheit vor Ort ersetzen. Vergessen wir nicht, am Ende geht es darum, Rad zu fahren.

Etappe 11 – Eymet-Pau

MARX' AUFRUF ZUR REVOLTE

Wie bereits am Vortag und wie so oft seit Beginn der Tour wird auch die elfte Etappe durch einen Massensprint entschieden. Es ist das klassische Szenario des modernen Radsports: Das Peloton lässt gleich zu Beginn eine Ausreißergruppe ziehen, die es leicht kontrollieren kann, bevor es ihr im Finale genüsslich den Garaus macht, sich auf sie stürzt wie ein Geier auf die Beute.

An diesem Tag gehört Marx wieder einmal zu den Ausreißern und wird als letzter Überlebender der Fluchtgruppe eingeholt, was ihm die Auszeichnung als »kämpferischster Fahrer der

Etappe« einbringt. Nach der Zielankunft wird er ins Studio von Sport TV geladen und nutzt die Gelegenheit, um eine Botschaft zu verkünden, die sich wie ein Manifest anhört:

»Bin ich denn verrückt, mich mit Leib und Seele in eine solche Offensive zu werfen, obwohl ich weiß, dass sie zum Scheitern verdammt ist? Ich dagegen glaube: Wahnsinnig ist der, der den ganzen Tag untätig im Peloton verbringt, obwohl ihm die explosiven Qualitäten für einen Erfolg im Finale fehlen, und er sich so selbst zur Anonymität verdammt. Worauf wartet er denn? Dass der Sprint kommt und immer die gleichen Fahrer mit den dicken Oberschenkeln sich die Siegersträuße teilen? Anstatt zu erdulden, versuche ich lieber etwas. Das Unmögliche wagen? Kann sein, aber wissen Sie, was mir ein Kamerad sagte? ›Zwischen möglich und unmöglich liegen nur zwei Buchstaben… und eine andere Mentalität.‹ Das Problem ist, dass in den Köpfen noch das alte System steckt, wonach eine flache Etappe mit einem Sprint zu beenden ist. Die Fahrer haben dieses Rennschema so sehr verinnerlicht, dass sie nicht einmal mehr daran denken, davon abzuweichen. Dabei gibt es kein Gesetz, das einem verbietet, anzugreifen! Der Sprint ist kein unvermeidliches Schicksal. Es sind die Rennfahrer, die das Rennen bestimmen. Wenn wir nicht nur zwei oder drei wären, die auf Angriff setzen, sondern zwanzig oder dreißig, wäre der Ausgang viel offener. Unser Unterfangen hätte nichts Verrücktes mehr, wir Ausreißer wären keine harmlosen Spinner, denn es wäre ungleich schwieriger für die Mannschaften der Sprinter, uns wieder zur Räson zu rufen. Einigkeit macht stark. Wenn wir nur zahlreich genug wären, käme es zu einem wirklichen Kampf zwischen Angreifern und Sprintermannschaften. Zu einem Kampf, den wir gewinnen könnten! Wir könnten die Herrschaft der

Sprinter stürzen und unsere Vision des Radsports durchsetzen: die Diktatur der namenlosen Rennfahrer im Schatten, die Diktatur der Proletarier des Radsports! Dazu muss nur eine Voraussetzung erfüllt sein: dass wir alle, die wir weder Sprinter noch Kletterer sind, wir Durchschnittsfahrer ohne Rang und Namen, es trotzdem probieren, ganz gleich, was unsere jeweiligen Teams vorhaben und ob wir nun Radsportler, Philosophen oder Velosophen sind. Uns alle rufe ich auf, uns zu vereinen, damit wir nicht länger für Kapitäne schuften, die uns ausbeuten, und stattdessen mit der vereinten Kraft unserer Waden einen schöneren, einen sportlicheren Radsport erschaffen! Ausreißer aller Länder, vereinigt euch!«

Nach dieser aufrüttelnden, flammenden, in einem Zug gehaltenen Rede haben die Reporter von TV Sport – Thierry, Laurent, Richard – Tränen in den Augen. Es fehlt nicht viel und sie würden sich eine Rückennummer schnappen, bereit, auf der nächsten Etappe ihr Heil im Angriff zu suchen!

Nachdem ein erster Gefühlsschwall sich gelegt hat, findet Thierry dann doch seine journalistischen Reflexe wieder und erlaubt sich eine Bemerkung: »Nehmen wir einmal an, dass sich Ausreißer wie von Ihnen gewünscht zusammentun und eine fünfzehnköpfige Gruppe in der Flucht zusammenarbeitet und damit garantiert wäre, dass das Peloton sie nicht mehr einholt. Wie würde dann unter diesen fünfzehn der Etappensieg ausgemacht?«

Ehrlich gesagt, hat Marx mit dieser Frage nicht gerechnet. Ein Sieg ist nichts, das man teilen kann. Die herrschende Ordnung umstürzen, schön und gut, aber welche Ordnung soll an die Stelle der alten Welt treten? Wie könnte ein interner Machtkampf in der Partei der »Baroudeure«, der revolutionären Ausreißer, vermieden werden? Es gibt nur einen Sieger und darin liegt das ganze Problem...

Anstatt sich diesem Problem zu stellen, zieht Marx es vor, sich bei den Journalisten zu entschuldigen: Er werde zur Massage erwartet, also müsse er leider die TV-Bühne verlassen. Regeneration geht vor! »Erst mal die Revolution«, sagt er noch zu sich selbst, »danach können wie immer noch sehen, wie wir uns organisieren...«

Etappe 12 – Pau–Peyragudes

ALSO KLETTERT ZARATHUSTRA

Die langweiligen Ebenen liegen hinter den Fahrern. Stattdessen zeichnet sich wieder das Profil exaltierter Berge ab. Die Tour erreicht die Pyrenäen.

Vorbei die Zeit der Mäßigung, der Kontrolle und Berechnung. Jetzt schlägt die Stunde von Risiko und Exzess. Die Stunde der zarathustrischen Helden, der Kletterer mit den entfesselten Beinen, die des Dionysos. Es ist die Stunde Nietzsches.

Der, den man auch den »schnauzbärtigen Adler« nennt, drohte in der Herde, die das Peloton ist, zu ersticken. Also macht er sich nun auf den Weg und sucht am berüchtigten Port de Balès, den er einige Wochen zuvor erkundet hat, sein Heil in der einsamen Flucht nach vorn. Eine gute Vorbereitung ist die halbe Miete, wenn die Überraschung gelingen soll...

Nietzsche ist es leid, noch länger das sterile Tempo zu erdulden, das die amerikanische Mannschaft des Gesamtführenden Pushman diktiert. Er hat beschlossen, das Rennen gleich zu Beginn des Anstiegs in die Luft zu jagen. Während alle mit den Augen auf die Wattzahlen ihrer Powermeter das Tempo verwalten, geht Nietzsche – allein auf das in jedem seiner Sinne integrierte Powermeter für die Willenskraft achtend – plötzlich aus dem Sattel, um einen seiner messerscharfen Angriffe zu setzen, deren Geheimnis er allein kennt.

Das Unternehmen lässt sich als waghalsig oder gar selbstmörderisch bezeichnen. Und tatsächlich ist Nietzsche, von zu viel Wunschdenken und Neid getrieben, den Port de Balès zu schnell hinaufgestürmt und oben am Gipfel nicht mehr ganz Herr seiner Sinne. Da seine Abfahrtskünste ebenso miserabel sind, wie er als Kletterer begnadet ist, stürzt er gleich in einer der ersten Kurven nach der Passhöhe. Ein zum Glück harmloser Sturz, der ihn sogar noch kampflustiger als zuvor macht. Doch zu spät: Die Gruppe der Favoriten ist inzwischen vorbeigezogen und raubt dem zarathustrischen Kletterer ein weiteres Mal jede Chance auf einen Etappensieg.

Ein Schlag ins Wasser? Nicht ganz, den immerhin hat Nietzsche den Port de Balès als Erster überquert und wertvolle Punkte für die Bergwertung gesammelt, was dafür sorgt, dass er am Ende des Tages das begehrte Trikot mit den roten Punkten überstreifen darf.

Und so wird paradoxerweise aus Nietzsche, dem einsamen Kletterer, dem Philosophen, der Menschenmassen verabscheut, der Favorit des großen Publikums, der Lieblingsverlierer der

Fans, dem alle Sympathien zufliegen. Die Wege der Tour sind manchmal unergründlich…

Etappe 13 – Foix–Saint-Girons

PASCAL REIMT

Im Bus der französischen Mannschaft, der die Fahrer in ihr Hotel bringt, sitzt ein euphorischer Pascal: »Es war in Foix, der schönen Stadt, dass er so richtig Bammel hat. Er fährt schon auf dem kleinen Blatt, doch keine Chance, Pascal ist völlig platt. Einst Mann des Glaubens, nicht der Watt, nun glaubt er schon: Das war's, schachmatt!«

Jetzt kann er darüber lachen, macht sich einen Spaß daraus, sich simple Reime und böse Wortspiele auszudenken, aber einige Stunden zuvor war er noch alles andere als freudig gestimmt. Denn er wusste, die schreckliche Mur de Peguère würde kommen und dann würde Krieg herrschen. Seit Tagen schon ahnte er, dass ihm seine Gesundheit einen Streich spielen könnte, was es höchst ungewiss machen würde, ob er die Tour fortsetzen könnte. Wo doch der Port de Balès gestern schon heftig war…

Krank und erschöpft litt der Tour-Neuling. Die Etappe des Tages, so kurz und intensiv, wie sie war, würde ihn sicher umhauen. Man stelle sich das mal vor: drei Pässe auf weniger als hundert Kilometern. Brutal. Es würde ein Rennen gegen die Uhr.

Aber woran lag es, das Pascal so ackern musste? Es liegt an den Karenzzeiten! Jeder Fahrer muss, will er das Rennen auch am nächsten Tag fortsetzen, die Etappe innerhalb einer maximal erlaubten Zeit beenden, die anhand der Fahrzeit des Siegers ermittelt wird. Eine kurze und heftige Etappe, das heißt gleichzeitig: eine knapp bemessene Karenzzeit. Und damit Unbill für alle Nicht-Kletterer und all jene, die von gesundheitlichen Problemen verschiedener Art ausgebremst werden.

Pascal fiel gleich in beide Kategorien. Wie konnte er sich dennoch retten? Dank seiner mathematischen Gaben! Auf den ersten Kilometern der Etappe mobilisierte er den letzten Rest an Kampfgeist, so dass es nicht schon am Col de Latrape um ihn geschehen war. Er konnte sich an ein *Gruppetto* zurückgefallener Fahrer klammern. Danach war es eine Frage des Rechnens: Wie viel Rückstand durften sie sich erlauben? Geschafft: Mehr als dreißig Sekunden waren es nicht, die sein Polster letztlich betrug, aber Pascal kam knapp innerhalb der Karenzzeit an.

Verzeihen Sie ihm also seine armseligen Reimversuche: Eine Mischung aus Angst, Erschöpfung und Erleichterung ergibt nur selten große Gedanken.

Etappe 14 – Blagnac–Rodez

SELBSTBETRACHTUNGEN

Genau wie Pascal gehört Marc-Aurel zu den Fahrern, von denen man seit Beginn der Tour wenig hört. Zu jenen, die meist fernab des Rampenlichts leiden, und das manchmal nur, um die Etappe irgendwie innerhalb des Zeitlimits zu beenden. Da sich niemand für ihn interessiert, beschließt Marc-Aurel, ein Tagebuch zu führen, das einfach »Selbstbetrachtungen« heißt. Hier ein Auszug:

»Bald zwei Rennwochen sind vorbei. Ich gestehe, mich im Laufe der Zeit immer mehr als stoischer Held zu fühlen. ›Ertage und entsage‹, diese Maxime, die mir Epiktet seit Tagen unablässig eintrichtert, verfolgt mich, und selbst beim Einschlafen höre ich noch, wie mir mein Sportdirektor zuraunt: *›Los, mein Kleiner, es ist alles Kopfsache. Das Leiden ist nichts. Man muss es vergessen, alles lässt sich vergessen (und wird bereits vergessen). Ich erinnere dich daran – Radsport ist ein Ausdauersport: Nimm den Kopf runter und mach den Rücken rund, um dem Schmerz und der Erschöpfung entgegenzutreten. Dann siehst du auch aus wie ein richtiger Radrennfahrer…‹* Leicht gesagt, aber umso schwerer umzusetzen…

Je weiter die Tour fortschreitet und das Leiden zunimmt, desto größer werden die Versuchungen, desto drängender die Wünsche. Das Verlangen nach süßem Nichtstun, danach, dass dieser gigantische Zirkus endlich ein Ende hat. Der Wunsch, meine Lieben wiederzusehen. Die Lust auf einen kräftigen Schluck Honigwein. Die Lust auf etwas Fettiges, Salziges, Süßes… Lust auf all diese Dinge, die nun seit Monaten tabu sind.

Doch stets befiehlt mir die immer selbe Stimme, der Versuchung zu widerstehen: *›Löse dich von allen schlechten Leidenschaften. Was nutzt es dir, an all diese Vergnügen zu denken, wo du doch weißt, dass sie dir verboten sind? Du bist ein Radrennfahrer, der die Tour de France bestreitet, mein Freund. Die Tugend ist dein höchstes Gut. Du musst das Leben eines Asketen führen. Entsage!‹*

Entsagen, entsagen… Ich halte dieses Entsagen nicht mehr aus. Ich träume davon, dem Entsagen zu entsagen… Und doch: Ich bin Stoiker, also muss ich da durch.

Ein zentrales Element der stoischen Philosophie ist die Unterscheidung zwischen Dingen, die von uns selbst abhängen, und umgekehrt solchen, die den äußeren Umständen geschuldet sind. Der Grundgedanke ist, Letztere auszuklammern (weil wir ohnehin keinen Einfluss auf sie haben) und unsere Energie voll und ganz auf Erstere zu konzentrieren, denn dort können wir etwas ausrichten.

Und dieser teuflische Epiktet fährt mit seiner Predigt fort: *›Verfluche nicht das Wetter, mein Junge. Du besitzt nicht die Macht der Götter. Du machst weder Regen noch Sonnenschein. Bedaure nicht dein Schicksal, wenn du am Boden bist. Rechne nicht mit einer Schwäche deiner Gegner, um zu glänzen. Wichtig ist, nach einem Sturz wieder aufzustehen. Was zählt, ist, sein Bestes zu geben.‹*

Den Willen allein dorthin lenken, wo man etwas ausrichten kann, und alles ignorieren, was außerhalb unserer Macht liegt… Ja, das möchte ich sehen! Wie soll man äußere Umstände ignorieren, wenn ein Gewitter auf einen niederschlägt, wenn die Kälte an einem nagt und der Hungerast droht? Es ist schwer, nicht zu jammern, wenn man hart auf dem Asphalt aufgeschlagen ist, wenn Körper und Geist geschunden sind. Ich räume ein, natürlich muss man siegen wollen, um siegen zu können, aber wollen allein reicht nicht. Das wüsste man…

Die Wahrheit ist, das gestehe ich im Vertrauen: Ich bin gar kein echter stoischer Held. Heute Abend werde ich mir ein Bierchen gönnen. Aber, pssst, Epiktet nichts verraten.«

Etappe 15 – Laissac–Le Puy-en-Velay

DAS KAPITAL

Am Abend der fünfzehnten Etappe, mit der die zweite Tour-Woche zu Ende geht, versammeln sich die deutschen Fahrer nach dem Essen zu einer zwanglosen Runde beim Kaffee. Die Tabelle, in der die Preisgelder aufgeführt sind, die die einzelnen Mannschaften seit Rennbeginn gewonnen haben, wurde soeben veröffentlicht. Marx nutzt den Umstand, um ein heikles Thema anzusprechen: die Verteilung der Prämien.

Üblicherweise kommen die von den Mitgliedern einer Mannschaft eingefahrenen Preisgelder in eine Art Gemeinschaftskasse und werden am Ende, abzüglich eines Anteils für die Betreuer, zu gleichen Teilen auf alle Fahrer aufgeteilt. Ein ungeschriebenes Gesetz verlangt ebenfalls, dass der Tour-Sieger zum Zeichen der Dankbarkeit gegenüber seinem Team auf seinen Anteil verzichtet.

Das Prinzip der Vergemeinschaftung und Neuverteilung der Güter gefällt Marx, aber er würde gern noch weiter gehen. Nachdem er die Tabelle eingehend studiert hat, stellt er fest, dass die Anteile, die die einzelnen Mannschaften bisher vom Preisgeldkuchen abbekommen haben, sich doch ganz erheblich unterscheiden. »Kleine« Mannschaften mit wenigen Siegen erhalten nur ein Zehntel von dem, was die großen Armadas bekommen, die das Rennen dominieren. Marx empört sich über dieses System, das die Herrschenden belohnt, weil sie herrschen:

»Es ist eine Schande! Anstatt dass das Geld denen zukommt, die es am dringendsten benötigen, wird es von denen angehäuft, die sowieso alles monopolisieren. Nehmen wir doch nur eine Mannschaft wie den Vietnam. Dieses Team ist nur mit geringen Mitteln ausgestattet. Infolgedessen ist es auch weniger leistungsstark und kann keine Topresultate einfahren, die finanziell gut honoriert werden. Dabei hätte die Mannschaft diese Ressource dringend nötig. Geld könnte den Vietnamesen helfen, besseres Material zu kaufen, vernünftige Trainingslager zu organisieren oder den Betreuerstab auszubauen und besser auszustatten – kurzum, es würde zu ihrer Entwicklung beitragen. Aber nein, stattdessen gehen praktisch alle Preisgelder an die Mannschaften, die eh schon mehr als genug haben, so wie die USA, die tausend Euro täglich bekommen, seitdem Pushman im Gelben Trikot ist. Die Großen möchten nicht, dass die Kleinen größer werden. Sie wollen ihre Vormachtstellung bewahren. Also regeln sie alles so, dass ihnen das Gros der Prämien zufällt. Mein Vorschlag: Lasst uns dem ungerechten System der Konzentration des Reichtums endlich ein Ende setzen! Ich wünsche mir, dass die Umverteilung des Kapitals nicht mehr nur innerhalb der einzelnen Mannschaften stattfindet, sondern auf das gesamte Peloton über alle Nationen hinweg ausgedehnt wird!«

»Sag mal, bist du verrückt geworden?«, unterbricht ihn Altich. »Das, wogegen du dich auflehnst, ist gerade eben der Grundgedanke des Sports! Du willst Gleichheit im Wettbewerb? Sportlicher Wettbewerb ist nun mal per Definition nicht egalitär. Am Start sind die einen groß, die anderen klein. Manche werden mit einem Herz geboren, das nur fünfundvierzigmal in der Minute schlägt, andere haben dicke Waden und so weiter. Sport ist von Natur aus ungerecht. Du willst einen Sport, in dem es weder einen Ersten, einen Zweiten noch einen Letzten gibt. So bekommst du am Ende nur einen Sport, der keiner mehr ist. Was für ein heuchlerisches Fantasiegebilde… Lass die Vietnamesen selbst dafür sorgen, dass sie zurechtkommen. Und spar dir deine Energie für die letzte Woche auf, die uns noch bevorsteht: Da wirst du genug finden, wogegen du ankämpfen kannst.«

Altich ist beruhigt, als er sieht, dass seine Argumente offenbar zu Marx durchgedrungen sind und einige seiner Überzeugungen ins Wanken gebracht haben – zumindest vorübergehend. Immerhin steht Deutschland in dieser Preisgeldtabelle gar nicht schlecht da. Es wäre doch ein Jammer, wenn sich dieses wertvolle Kapital in Luft auflösen würde.

Ruhetag

MASSAGE ODER DIE KUNST DER PHYSIOPSYCHOLOGIE

Ein wichtiger Moment im Alltag eines Tour-de-France-Fahrers ist die Stunde der Massage. *A fortiori* an Ruhetagen, wenn die Stunden weniger streng getaktet sind, der Stress und das Adrenalin der Anstrengung verflogen. Der Masseur kann das im Wettbewerb angesammelte körperliche Leiden dann in aller Ruhe exorzieren.

Die Fahrer sehen diesem Moment jedoch nicht alle in gleicher Weise entgegen. Es gibt welche, die sich während der Massage völlig entspannen wollen. Der Soigneur sollte dann davon absehen, die Muskeln allzu heftig zu bearbeiten oder den Fahrer zu seinem Rennen auszufragen. Diogenes beispielsweise mag es, wenn er in Stille massiert wird. Das behagt dem »Hund« unter den Philosophen, das zerstreut ihn, das ist sein Moment der Entspannung. Was er verabscheut, ist, wenn ein Masseur mit ihm über pseudo-ernste Dinge wie Radsport reden will. Er braucht weder Bestätigung noch möchte er durch Worte von einer Last befreit werden oder sich Mitleid mit seinen Schmerzen anhören.

Freud dagegen gehört zu den Fahrern, die sich gern jemandem anvertrauen, während sie auf dem Massagetisch ausgestreckt liegen. Seinem persönlichen Soigneur Willy Hoedippel gegenüber öffnet er sich völlig. Er legt ihm in allen Einzelheiten dar, was ihn zum Radsport gebracht hat, zeichnet seine brillante wissenschaftliche Laufbahn nach und dieses Gefühl eines körperlichen Mangels, das ihn dabei immer begleitet hat. Er erzählt von diesem merkwürdigen Traum, den er eines Tages hatte, in dem eine sehr schöne junge Frau ihm nach einem Boxkampf gegen einen Löwen Blumen überreicht. Dann berichtet er über dieses Signal, die Einladung durch Teammanager Einstein, an der Sichtungsfahrt in De Haan teilzunehmen. Darüber, wie sein bislang latentes Bedürfnis schlagartig in den Vordergrund rückte und sein Schicksal sich offenbarte: Er musste ein großer Radrenn-Champion werden, ein echter Sportheld!

Jetzt, da er tatsächlich Radsportler geworden ist, breitet Freud seinem Soigneur Hoedippel gegenüber seine Gemütszustände als Fahrer aus. Er bedauert, dass man ihm nicht genug zutraut und er sich mit der Rolle des Helfers von Ullrig bescheiden muss, der doch nur Elfter im Gesamtklassement ist. Gern würde er auf eigene Rechnung fahren dürfen, zeigen, was in ihm steckt, sein wahres Potenzial beweisen – aber die Regeln des Kollektivs verhindern das. Anstatt seine tiefsten Gefühle zu unterdrücken, teilt er diese seinem Masseur mit, der ihm andächtig zuhört. Das ändert zwar nichts am Problem (ein Masseur ist kein Sportdirektor), hat aber immerhin den Verdienst, Freud zu beruhigen und ihm die nötige Kraft zu verleihen, die dritte Rennwoche in Angriff zu nehmen.

Diese Kraft braucht Nietzsche nicht bei seinem Soigneur zu suchen; sie steckt bereits in ihm. Für den aktuellen Träger des Bergtrikots ist die Massage sogar eine Falle. Dieser Moment der Ruhe, der Rückbesinnung auf die eigene Person, verstärkt seinen Hang zum Ressentiment, zum heimlichen Groll. Nietzsche, so optimistisch und dynamisch er in Aktion ist, kann sich nicht davon abhalten, über vergangene Geschehnisse zu grübeln, wenn er nichts anderem ausgesetzt ist als der Pflege seines Masseurs. Er beginnt wieder, seinen unglücklichen Sturz am Port de Balès zu bedauern, und fragt sich, was gewesen wäre, wenn er am Mont du Chat früher angegriffen hätte. Er malt sich tausend mögliche Rennabläufe für die letzte Woche der Tour aus: Wird er sein Bergtrikot verteidigen können? Wird er endlich eine Etappe gewinnen? Oder wird er im Gegenteil reihenweise Einbrüche und Stürze erleben, die ihm eine extrem schwere letzte Woche bescheren? Nietzsche lässt sich nichts davon anmerken und trägt zu jeder Gelegenheit die Maske der Zuversicht, aber im Grunde seines Wesens ist er ein Mann voller Zweifel. Wenn nichts seinen Körper stimuliert, kann er seinen Geist nicht daran hindern, in düstere Tiefen abzutauchen.

Nietzsche weiß wohl, dass er gegen diese zerstörerische Neigung ankämpfen muss. Er weiß genau, dass sein Grübeln und sein Hang zum Ressentiment ihm nur Schmerzen, Nachlässigkeit und Trägheit bescheren. Also hat er für diesen notwendigen, aber gefährlichen Moment der Massage eine Strategie entwickelt: Er bittet Fjodor Wagner, seinen persönlichen Assistenten, seine Muskeln eine bestimmte Zeit lang so hart wie möglich anzupacken, damit in dieser Zeit nichts anderes ihn beschäftigt als die vom Walken erzeugte Spannung. Derart gemartert, ganz und gar einem unmittelbaren Schmerzgefühl ausgesetzt, hat Nietzsche gar nicht die Möglichkeit, verbitterten Gedanken zu verfallen. Damit nicht genug. Es erzeugt auch ein interessantes Phänomen: Der Athlet beginnt diesen Schmerz zu mögen, er findet ein masochistisches Vergnügen daran, auf dem Massagetisch zu leiden – so wie er es liebt, im Rennen zu leiden. Er hat dann das Gefühl, im Hier und Jetzt zu leben, ohne dass nichtige parasitäre Gedanken ihn ablenken können.

Unter den knetenden Händen Wagners träumt Nietzsche nicht mehr von weiß Gott welcher Unterwelt. Nein, er bejaht die diesseitige Welt, sagt ja zu den Herausforderungen der Tour und nimmt sein Schicksal in die Hände. Regeneriert und von einem unerschütterlichen »*Amor fati*« beseelt, ist er bereit, als Rennfahrer die dritte Woche des Rennens anzugehen. Bereit, über sich hinauszuwachsen und zu werden, was er ist: ein Champion der Tour de France.

Etappe 16 – Le Puy-en-Velay–Romans-sur-Isère

DER KLEINE PRINZ

Die dritte Woche einer großen Rundfahrt steckt immer voller Überraschungen. Fahrer, die bis dahin brilliert haben, erleiden unerwartete Einbrüche. Andere hingegen, die einen schwierigeren Start hatten, zeigen, was in ihnen steckt, und strafen alle Vorhersagen Lügen.

Machiavelli ist da ein gutes Beispiel. Obwohl Italiener, kam er aufgrund seiner Erfahrung und seines taktischen Gespürs in die griechisch-lateinische Mannschaft. Doch seit Beginn des Rennens hat er sich selten gezeigt. Sein Niveau war nicht ausreichend, um eine andere Rolle als die des Wasserträgers zu beanspruchen, des *Domestique*, wie die Engländer sagen, des *Gregario*, wie es bei den Italienern heißt. Ohne zu jammern, hat er sich also für seine beiden Kapitäne Sokrates und Platon aufgeopfert und im Schatten auf seine Stunde gewartet. Denn er wusste: Sie würde kommen. »Um effektiv zu sein, muss man seine Absichten verschleiern«, sagte er sich. Später, wenn die Stars der ersten Wochen die Müdigkeit zu spüren bekommen und immer mehr an Glanz verlieren, gilt es, zuzuschlagen und sich zu zeigen.

Dieser Moment ist nun gekommen. Sokrates hat seine Kräfte im Kampf ums Gelbe Trikot erschöpft, hat zu viel Energie beim Versuch gelassen, nach der Episode am Ätna wieder in Form zu kommen. Er fühlt sich leer und sehnt nur noch das Ende der Tour herbei und seinen endgültigen Rücktritt vom Radsport. Dagegen klammert Platon sich noch an sein Weißes Trikot des besten Nachwuchsfahrers, das aber längst am seidenen Faden hängt. Etappe für Etappe verliert er Zeit gegenüber seinen Verfolgern; und in Anbetracht seines aktuellen Zustands wüsste er nicht, wie er diese Tendenz umkehren könnte.

Kurz gesagt, die unerhörten Erfolge der griechischen Mannschaft vom Beginn der Tour schwinden und verblassen allmählich, während sich gleichzeitig ihre mangelnde Erfahrung in einem derart langen Rennen offenbart. Und hier tritt Machiavelli auf den Plan. Er ist nicht mit besseren körperlichen Fähigkeiten ausgestattet als seine Mannschaftskameraden, weit davon entfernt. Aber besitzt er eine andere Gabe, ein bestimmtes Talent: Er versteht es, sich aufzusparen und geduldig zu warten, bis sich ihm ganz vorn auf der Bühne ein Platz bietet.

Auf der sechzehnten Etappe von Le Puy-en-Velay nach Romans-sur-Isère fühlt Machiavelli, dass sich der Vorhang bald für ihn öffnen wird. Die Strecke verläuft durchs Rhône-Tal, wo die Fahrer einem starken Seitenwind ausgesetzt sind. Ideales Gelände für eine Windkante.

Was ist das, eine Windkante? Radfahren ist in gewissem Sinne wie Segeln. Die Fahrer sind Schilfhalme. Die Windkante ist eine Rennsituation, in der ein starker Seitenwind das Vorankommen der Fahrer behindert. Um dem Wind aus dem Weg zu gehen, bilden sie eine Fächerformation, eine Windstaffel, bei der jeder ein wenig seitlich versetzt hinter dem Vordermann fährt, ähnlich wie Wildgänse auf dem Vogelzug. Mit dem kleinen Unterschied, dass Gänse den ganzen Himmel haben, um ihre Formation einzunehmen, während Radrennfahrer lediglich das naturgemäß eng begrenzte Band der Straße nutzen können. Auch wenn dann der erste Fahrer, das vorderste Glied des Fächers, direkt am Straßenrand auf der windzugewandten Seite fährt, kann sich nicht das gesamte Peloton dahinter verbergen. Nur einer begrenzten Zahl von Fahrern wird es gelingen, sich diagonal dazu ans Hinterrad zu setzen. Aber recht schnell ist dann der andere Straßenrand erreicht und hindert alle weiteren Fahrer, sich einzureihen. Die Fahrer dahinter sind dann gezwungen, allein gegen den Wind zu kämpfen, während vor ihnen fünf, zehn oder zwölf Fahrer mit vereinten Kräften rotierend vorwärtskommen. Unwiderruflich wird der isolierte Mann bald dem Tempo der sich vorn lösenden Gruppe nicht mehr folgen können, ganz gleich, wie stark er ist. Er muss hinter der Windkante abreißen lassen.

Die Windkante ist somit eine hochwirksame Waffe, vorausgesetzt, sie wird richtig orchestriert. Und damit die Musik gut klingt, müssen alle Instrumente richtig gestimmt sein: Der Wind muss stark genug sein und aus der richtigen Richtung kommen; die Straße muss ungeschützt im Wind liegen, weder Bäume noch Häuser sollten am Rand stehen; es ist auch besser, wenn sie flach, gerade und nicht allzu breit ist, so dass nur eine kleine Gruppe von Fahrern den ersten Fächer bilden kann; und schließlich muss da eine Mannschaft sein, die den richtigen Zeitpunkt für die Entscheidung abpasst und schlagartig kollektiv das Tempo erhöht, damit die Windkante entsteht und das überraschte Peloton in Stücke fliegt.

Fünfunddreißig Kilometer vor dem Ziel in Romans-sur-Isère fühlt Machiavelli, dass alle Bedingungen erfüllt sind. Das Feld befindet sich in einem Waldstück, aber von weitem erkennt man bereits das Ende der Bäume. Der Wind wird dort genau von der Seite kommen, die Straße führt leicht bergab. Die Situation ist ideal. Man muss sie aber zu seinem Vorteil nutzen. Über den Teamfunk befiehlt Machiavelli all seinen Kollegen, *illico presto* an die Spitze des Pelotons zu kommen. Seit Beginn der Tour hat ein maskierter Machiavelli sich inmitten der anonymen Herde aufgehalten und ist einfach dem vorgegebenen Rhythmus gefolgt. Jetzt aber nimmt er die Dinge in die Hand. Die Stunde seines Ruhms ist gekommen.

Kurz vor Ende des Waldstücks gibt Machiavelli Sokrates, Platon, Marc-Aurel und den anderen ein Zeichen, sich an die Spitze zu setzen und in Aktion zu treten. Er selbst wird die Rolle des »Pförtners« spielen, des Fahrers, der die Geschwindigkeit der Windstaffel regelt und entscheidet, wer noch Aufnahme findet und wer nicht mehr.

Die Fahrer verlassen nun das Waldstück. Machiavelli befiehlt seinen Leuten, das Tempo brutal zu erhöhen. Ein unmittelbarer Wirkungstreffer! Kaum einen Kilometer später sieht man statt eines geschlossenen Pelotons sieben, acht, zehn kleine Gruppen, die über die Straße verteilt sind und einander hinterherjagen. Alle versuchen, sich so gut wie möglich zu organisieren, um gegen den Wind anzukämpfen und irgendwie dem Tempo zu folgen, das eine fast ausschließlich aus Mitgliedern der griechisch-lateinischen Mannschaft bestehende Spitzengruppe angeschlagen hat.

Diese Spitzengruppe wird man erst im Ziel wiedersehen. Der große Meister Machiavelli wird dafür sorgen, dass der Etappensieg seinem Mannschaftskameraden Marc-Aurel zukommt.

Der Mann des Tages aber ist er selbst. Er, der dieser Etappe seinen Stempel aufgedrückt hat. Er, der – zumindest für eine Weile – über die gesamte Tour-Gesellschaft geherrscht hat.

Nach dieser Episode erweist Platon (dessen Weißes Trikot mit dieser kollektiven Tour de Force gesichert wurde) seinem Teamkollegen die Ehre, indem er ihm einen vielsagenden Spitznamen verleiht: *il piccolo Principe*, »der kleine Prinz«. Vom *Gregario* ist Machiavelli zum *Capitaine de Route* seiner Mannschaft aufgestiegen. Aus dem unbedeutenden Wasserträger ist der geniale Stratege geworden.

Als man ihn fragt, wie ihm die Idee zu diesem taktisch perfekten Schachzug gekommen ist, wird Machiavelli bescheiden antworten, allein der Zufall habe diese Situation ermöglicht. Sein Talent, seine *Virtù*, habe nur darin bestanden, die Launen des Windgottes Äolus in eine glückliche *Fortuna* zu verwandeln.

Etappe 17 – La Mure-Serre Chevalier

HILF DIR SELBST, SO HILFT DIR GOTT

Als die Fahrer sich im Mannschaftsbus auf den Start vorbereiten, ist eine ganz bestimmte Spannung wahrnehmbar. Es wird wenig gesprochen. Eine fast religiöse Stille herrscht heute an diesem Ort, an dem die Fahrer gemeinsam Freud und Leid teilen – im krassen Gegensatz zu dem sonst üblichen Trubel.

Wenn die Stimmung nicht zum Scherzen oder Plaudern ist, dann, weil die Fahrer wissen, wie furchterregend sich die bevorstehende Etappe ankündigt. Gleich nach dem Start müssen sie den Col d'Ornon bewältigen, aber dieser Auftakt ist nur ein Klacks im Vergleich zu dem, was später auf dem Menü steht: Erst folgt der Croix de Fer mit seinen fünfundzwanzig, ziemlich unrhythmischen Kilometern bergauf und schließlich die höllische Paarung aus Télégraphe und Galibier (fast fünfundvierzig Kilometer Gesamtanstieg, um den höchsten Punkt auf knapp zweitausendsiebenhundert Metern über dem Meer zu erreichen).

Die große Messe im Juli ist eine Sportveranstaltung, die von Religion durchzogen ist. Ein großer Teil der Radrennfahrer ist gläubig. Vor dem Start bekreuzigen sie sich und beten zu Gott, damit alles gut verlaufe, dass sie nicht stürzen, dass sie mit diesen Bergen fertig werden, dass der Allmächtige ihnen ein wenig mehr Kraft verleihen möge...

Andere Fahrer sind vielleicht nicht so religiös, aber auch sie haben längst die Attribute des Glaubens übernommen. Sie haben ihre heiligen Rituale: eine letzte Konsultation der heiligen Schrift (das *Roadbook*) eine Stunde vor dem Start, darauf eine schnelle Mahlzeit (Kaffee und Energieriegel als Eucharistie) und dann kommt der Moment, die rituellen Gewänder anzulegen (die Radhose und das Trikot mit beiden Startnummern an den Rücken geheftet). Nicht zu vergessen die Glücksbringer-Socken, mit denen man vor zwei Jahren gewonnen hat und die seitdem bei jedem wichtigen Rennen getragen werden. Noch mal schnell testen, ob die Ohrhörer für den Teamfunk funktionieren – okay, alles in Ordnung, die Stimme ist gut zu verstehen. Zwanzig Minuten vor dem Start kommt schließlich der liturgische Moment der Salbung (niemand weiß so genau, welchen Nutzen es hat, seine Beine mit Öl einzureiben, die Bedeutung dieses Rituals resultiert zweifellos aus dem Mysterium, das seine Wirkung umgibt).

Die Fahrer sind bereit, ihr Golgatha hinaufzusteigen. Sie werden von einer treuen und begeisterten Menge angefeuert werden, die sich bereits am Straßenrand aufgestellt hat und die Himmelfahrt ihrer Idole erwartet. Die ersten Fahrer, die an der Spitze des Rennens auftauchen, die Götter des Asphalts, werden bewundert und angebetet werden, die letzten, die armen Märtyrer, mit mitfühlenden Anfeuerungen bedacht. Aber in letzter Konsequenz spielen die Resultate auch gar keine Rolle, es ist einerlei, wer vorne ist und wer hinterherfährt, denn schließlich werden die Letzten die Ersten sein…

»Was für ein trauriges Schauspiel das hier doch ist«, sagt sich Nietzsche, während er all diese Vorbereitungen sieht und den mystischen Eifer, der den Start der siebzehnten Etappe umgibt. Wie? Selbst Marx und Freud lassen sich zu solch pathetischem Zinnober herab! Die Ärmsten, sie wissen ja nicht, was sie tun… Sie wissen nicht, dass all ihre Gesten, ihre Rituale und Talismane nur der Selbstvergewisserung dienen. Sie haben Angst. Aber wovor? Vor dem Leiden, davor, dass sie vorzeitig aufgeben müssen… Sie wollen so gern sagen können: Ich hab's geschafft, ich war dabei. Ach, was für ein Mangel an Ehrgeiz!

Nietzsche nimmt lieber das Risiko in Kauf, alles zu verlieren, um alles gewinnen zu können. Statt sich in der öden Selbstzufriedenheit eines *Finishers* zu verschanzen, zieht er das gefährliche Leben des Siegers vor – und erinnert sich an diesen Satz des Heiligen Paulus, eines der Kirchenväter: »Lauft so, dass ihr gewinnt!« Der wahre Gläubige muss sich exponieren, muss waghalsige Risiken eingehen und nach dem Höchsten streben – und sich ganz gewiss nicht in kühles Sicherheitsdenken flüchten. Was für eine traurige Verkehrung der ursprünglichen Religion, die Wagemut in Angst hat umschlagen lassen…

Nietzsche will Rennen fahren, um zu gewinnen. Voller Spott blickt er auf die ganzen Götzendiener, die sich vor dem Croix-de-Fer ins Hemd machen, und greift gleich zu Beginn der Etappe an. Souverän meistert er dann auch den ewig langen Anstieg, der hinauf zum Col du Galibier führt, und verbringt den Großteil des Tages als Solist allein an der Spitze. In Serre Chevalier gewinnt er die Etappe schließlich mit zwei Minuten Vorsprung auf seinen ersten Verfolger, der Lohn einer phänomenalen Leistung. Die Apotheose seiner Tour.

Auch Spinoza belächelt die ganzen pseudosakralen Rituale, diese illusorischen Glaubensakte einer falschen Religion, die er Aberglaube nennt. Um sein Ziel zu erreichen – den Amerikaner im Gelben Trikot abhängen und sich das begehrte Leibchen zurückholen –, verlässt er sich nicht auf die Hilfe des lieben Gotts, dieses »Zufluchtsorts der Unwissenheit«, dieser Lösung für alle, die den Mut verloren haben. Spinoza denkt nach, entwickelt einen Plan, stellt Berechnungen an und entwirft eine Strategie: Er beschließt, in der Abfahrt vom Galibier anzugreifen, um Pushman in die Falle zu locken.

Als der Moment gekommen ist, wirft sich Spinoza, angetrieben vom unersättlichen Wunsch, das Gelbe Trikot zurückzuerobern, und im Wissen um die Gesetze der Schwerkraft, wie eine unaufhaltsame Kanonenkugel seinem Schicksal entgegen: dem Sieg in der Gesamtwertung der Tour de France. Pushman wird von der unorthodoxen Angriffstaktik überrumpelt. Er versucht, Spinoza hinterherzusteigen, aber in einer Haarnadelkurve in der Abfahrt begeht er einen Fehler. Es ist nur ein kleiner Sturz. Pushman steht gleich wieder auf… Zu spät. Spinoza ist auf und davon. Die Messe ist gesungen. Der Amerikaner ist geschlagen und kommt nicht mehr zurück.

Die Halbherzigkeit hat verloren, heftige Leidenschaften haben sie überwältigt und gnadenlos zerschmettert. Ebenso wie Nietzsche recht daran tat, sich große Ziele zu setzen, war es richtig von Spinoza, sich selbst und seinem Ehrgeiz beharrlich treu zu bleiben, es war richtig, seiner Bestimmung zu folgen und sich auf niemand anderen als sich selbst zu verlassen, um sein Ziel zu erreichen. Es ist fast erreicht. Nur noch ein paar Tage und sein Sieg ist in trockenen Tüchern. Und seine Tour wird vollkommen sein. Und die Freude wird sich offenbaren können. *Halleluja!*

Etappe 18 – Briançon-Izoard

MAN MUSS SICH DEN RADRENNFAHRER ALS GLÜCKLICHEN MENSCHEN VORSTELLEN

Die letzte Bergetappe der Tour. Oben an der Passhöhe des Col d'Izoard wird der Blick bis zu den Champs-Élysées frei werden. War der Vortag für alle hart, so ist der heutige Tag deutlich weniger Anlass zur Sorge. Nicht, weil er leichter wäre; nur wissen die Fahrer jetzt, dass sie vor der letzten großen Anstrengung stehen. Das Ende des Weges rückt in Sichtweite. Endlich. Der Gedanke an die unmittelbar bevorstehende Erholung verschafft den Fahrern ein Motivationsplus, um das wichtigste Ziel der allermeisten heute zu erreichen: diese Etappe durchstehen, es zu Ende bringen.

Wirklich? Sind die Rennfahrer im Grunde ihres Wesens wirklich glücklich darüber, dass drei Wochen Bewegung und Mühsal bald zu Ende gehen? Noch während sie den Izoard hinauffahren und sich quälen, noch während sie diesen letzten Berg dieser Tour bezwingen, fragen sich die Fahrer, ob ihnen diese Mühen, Schmerzen, Emotionen nicht schon in wenigen Tagen fehlen werden, wenn die »große Schleife« vollendet ist...

Wie oft haben sich die »Strafgefangenen der Landstraße« in den letzten Tagen nicht voller Überdruss gesagt: »Jetzt langt's, das war zu viel. Ich höre auf, das sind meine letzten Pedaltritte«? Doch nun, da sich diese letzten Pedaltritte tatsächlich ankündigen, stellen alle mit Erstaunen und Nostalgie fest, dass sie während der ganzen Tour glücklich waren, auch in den schwierigsten Momenten, auch in den Stunden des Zweifels, nach einem Sturz oder einem Einbruch. Auch jetzt, während sie atemlos den Izoard hinaufhecheln, sind sie wieder glücklich, gegen die Schwerkraft anzukämpfen und gegen all das Gift, das sich über die letzten drei Wochen in ihren Muskeln angesammelt hat.

So wie Sisyphos, der dazu verdammt war, einen Felsblock ewig den Gipfel des Hades hinaufzuwuchten, ohne es je ganz zu schaffen, leiden die Radsportler darunter, ständig noch einen weiteren Berg erklimmen zu müssen, nur um ihn gleich wieder hinunterzufahren und dann wieder von vorn zu beginnen... Und jetzt, wo sie entdecken, dass diese Verdammnis keine ewige ist, werden sie melancholisch und finden es schade, dass ihr Leidensweg schon in wenigen Tagen vorbei sein wird. Denn letzten Endes haben sie dieses Leiden geliebt.

Pascal, Spinoza, Marx, Nietzsche, Sokrates, Platon, Freud und die anderen – alle haben gelitten. Aber noch während ihnen die Härte der Strapazen den Schweiß auf die Stirn treibt, macht ihnen allein der Gedanke daran, das Abenteuer zu wiederholen, bereits den Mund wässrig. Es mag absurd erscheinen, wenn man den extremen Erschöpfungszustand der Fahrer am Ende der drei Wochen betrachtet, ihre zerfurchten und bleichen Gesichter, und dennoch: Man muss sich diese Radrennfahrer als glückliche Menschen vorstellen.

Etappe 19 – Embrun–Salon-de-Provence

MYTHEN

Es ist die letzte richtige Etappe der Tour vor dem abschließenden Zeitfahren morgen in den Straßen von Marseille und der feierlichen Ankunft übermorgen auf den Champs-Élysées. Alle spüren die Erleichterung, das Peloton ist in Feiertagslaune. Wie in den letzten Minuten eines Films, wenn die dramatische Spannung sich auflöst und sich die Handlung noch in ein paar Nebensträngen fortsetzt, leistet sich die Tour zum Vergnügen noch ein wenig Bonusmaterial. Sicher, das Rennen ist noch nicht vorbei, aber die Schlüsselereignisse liegen hinter uns. Das Entscheidende ist gelaufen. Die verschiedenen Klassements sind in Stein gemeißelt, die Sieger stehen fest: Spinoza in Gelb, Zadel als bester Sprinter, Nietzsche im Bergtrikot. Nur beim Weißen Trikot für den besten Nachwuchsfahrer bleibt es noch spannend. Denn Platon hat lediglich sechsundzwanzig Sekunden Vorsprung auf seinen Verfolger, den Spanier Miguel Averroés.

Bevor auch diese letzte Frage geklärt ist, ziehen die Velosophen am Start in Embrun schon mal eine erste Bilanz. Was ist das Ergebnis dieses großen und verrückten Abenteuers? Ihr Stolz natürlich, der Stolz, wahnsinnig genug gewesen zu sein, die Sache durchzuziehen. Sie haben es geschafft! Was denn? Die Tour gewinnen? Sicher nicht. Trotzdem haben sich die Velosophen nicht damit begnügt, dabei zu sein. Sie haben um den Sieg mitgefochten. Und sie sind nicht von ihrem ehrgeizigen Plan abgerückt: beweisen, dass sie mehr sind als nur medienwirksame Kuriositäten, beweisen, dass sie echte Rennfahrer sind.

Während er kurz vor dem Start der Etappe im See von Embrun sein Spiegelbild betrachtet, denkt Sokrates an Narziss, den griechischen Helden, der während einer Jagdpartie in einem Teich sein Spiegelbild entdeckte und sich so sehr darin verliebte, dass er daran starb, sich nicht davon lösen zu können.

Dieser Mythos dient üblicherweise dazu, vor übertriebener Eigenliebe zu warnen. Narziss wird darin als negativer Held gezeigt, dem der Makel einer zu großen Selbstbezogenheit anhängt. Aber Sokrates legt den Mythos anders aus. Für ihn ist Narziss' Haltung ehrenvoll, da er heroische Größe beweist in der völligen Hingabe an eine majestätische und symbolische Leidenschaft: für sich selbst.

Jedwede altruistische Moral, die uns Selbstverleugnung befiehlt, komplett ignorierend, lebt Narziss den Egoismus aus – bis in die letzte Konsequenz, den Tod. Blödsinnige Eitelkeit, sagen die einen; tragischer Edelmut, denkt Sokrates.

An diesem Tag, am Ufer des Sees von Embrun, hat auch der griechische Philosoph das Gefühl, dass ihn etwas vom gleichen Edelmut wie ein Glorienschein umgibt. Er ist stolz, bis ans Ende seines Ehrgeizes gegangen zu sein und sich etwas Großem völlig hingegeben zu haben. Stolz, sich – wie Narziss – nicht mit halben Sachen begnügt zu haben.

Jetzt kann er endlich in Frieden aufhören und das Rad an den Nagel hängen – definitiv. Seine Jagd ist beendet. Sokrates wird sich nicht in die Startliste der neunzehnten Etappe eintragen. Er wird sich lieber ein Tretboot mieten und damit allein über den See fahren, ein weiteres Schnippchen, das er seiner Geschichte schlägt. Ohne ein weiteres Wort darüber zu verlieren.

Während sich der Kapitän der griechisch-lateinischen Mannschaft zurückzieht, rückt die junge Garde in die erste Reihe. Platon konzentriert sich auf die Verteidigung seines Weißen Trikots und spart sich die Kräfte für das entscheidende Zeitfahren am nächsten Tag auf. Aristoteles ergreift die letzte Gelegenheit, noch einmal alles zu zeigen. Bei der morgendlichen Teambesprechung hat Epiktet eine einfache Devise ausgegeben: Jeder darf so fahren, wie es seine Kräfte erlauben.

Und so wagt Aristoteles auf der Etappe nach Salon-de-Provence einen letzten, tollkühnen Ausreißversuch. Bis dahin hatte sich der junge griechische Fahrer bei der Tour recht vorsichtig gezeigt und sich vorrangig auf Mannschaftsdienste beschränkt. Er ist nach dem Vernunftprinzip gefahren. Aber Vernunft ist nicht gleichbedeutend mit Feigheit. Für Aristoteles ist sie vielmehr eine Form praktischer Weisheit, ein Abwarten des richtigen Moments, um sich zu offenbaren, die Kunst, die goldene Mitte zwischen zwei exzessiven Auswüchsen zu finden. Vernunft ist für ihn mit Mut vereinbar und der Mittelweg zwischen den beiden Extremen: einerseits der Feigheit (Angst davor, anzugreifen) und andererseits der Leichtfertigkeit (übermütig angreifen, obwohl man weiß, dass die Offensive von vornherein zum Scheitern verurteilt ist). Genau diese Form von Vernunft beweist Aristoteles auf der neunzehnten Etappe, als er sich der Ausreißergruppe anschließt.

Auf dem Weg nach Salon-de-Provence lastet eine bleischwere Sonne auf den zwölf Fahrern an der Spitze, behindert ihr Vorankommen, steigert ihre empfundene Erschöpfung. Noch schlimmer aber ist dieses Gefühl im Peloton, das inzwischen zehn Minuten zurückliegt und sich geschlagen gibt. Die zwölf Ausreißer werden den Etappensieg unter sich ausmachen. Doch so mutig Aristoteles auch sein mag, dreißig Kilometer vor dem Ziel beschleicht ihn eine lähmende Müdigkeit. Ihm kommen Zweifel, ob er an der Gruppe dranbleiben und seine Chancen wahren kann. Zum Glück kommt Platon (der inmitten des Pelotons fährt) in genau diesem Moment die Idee, seinen Mannschaftskameraden über dessen Ohrhörer zu ermutigen.

Nachdem sie ihre ursprüngliche Rivalität beigelegt haben, ist zwischen Platon und Aristoteles im Laufe der drei Wochen eine aufrichtige Freundschaft entstanden, vor allem nachdem Aristoteles Platon in den Pyrenäen geholfen hat, das Weiße Trikot zu verteidigen. An diesem Tag fühlt der beste Fahrer in der Nachwuchswertung, dass sein Teamkamerad ihn jetzt braucht. Über den Teamfunk feuert Platon den Ausreißer an:

»Aris, ich weiß genau, wie hart es ist, ich weiß, dass die Sonne brennt und die Müdigkeit bleischwer wiegt. Aber vergiss nicht: Das geht den anderen Fahrern in der Gruppe vorn genauso. Ich kann dir sagen, hier im Peloton sind alle groggy. Heute gewinnt nicht der Stärkste. Heute gewinnt der, der den Sieg am meisten will und die Latte am höchsten legt. Das musst du sein, mein Freund! Fürchte die Sonne nicht, sondern betrachte sie als etwas Gutes, als einen Verbündeten, als ein Symbol deines Sieges. Flieg wie Ikarus zur Sonne; heb ab! Vielleicht verbrennst du dir die Flügel… Aber vielleicht schaffst du es, die Sonne zu erreichen!«

Diese paar Worte scheinen keine große Sache zu sein, nur ein Detail, aber Aristoteles bedeuten sie viel. Sie bedeuten, dass die Freundschaft, die ihn mit Platon verbindet, nun ihre Eigeninteressen übersteigt und all ihre theoretischen Differenzen überbrücken kann. Sie bedeuten, dass Platon ihm vertraut, dass er ihn für fähig hält, große Ziele zu erreichen.

Voll neuer Zuversicht nutzt Aristoteles das letzte Hindernis des Tages zur Attacke. Auf einmal ist er allein vorn an der Spitze und fliegt einem ruhmreichen Sieg entgegen. Vorausgesetzt, dass ihm die Dehydrierung nicht die Flügel stutzt. Vorausgesetzt, dass ihn seine Verfolger nicht niederstrecken.

Wird er es schaffen? Wir wissen es nicht, es bleibt ein Rätsel. Sicher ist nur, dass Aristoteles genau wie Sokrates versucht hat, das Unmögliche zu wagen – eine notwendige Voraussetzung, um etwas Großes erreichen zu können.

Etappe 20 – Marseille

HEILMITTEL GEGEN MELANCHOLIE

»*It won't be long, yeah, yeah, yeah! It won't be long, yeah!*« Beim Aufwärmen auf dem Rollentrainer vor dem Start des Zeitfahrens in Marseille versucht Anquepil, sich mit diesem Beatles-Song zu motivieren, den er irgendwie für passend gehalten hat. Leider gelingt es nicht wirklich.

»Es wird nicht lange dauern…« – von wegen! Der derzeit Zwölfte im Gesamtklassement der Tour hat zu viel Erfahrung, um nicht zu wissen, dass ein Einzelzeitfahren immer eine mühselige Strapaze ist, die einem unerträglich und endlos vorkommt. Anquepil fühlt in sich nicht genug Energie, um diese Prüfung des absoluten Leidens auf sich zu nehmen. Es ist beschlossene Sache: Er wird das Zeitfahren maßvoll absolvieren, in seinem Tempo. Die Tour de France der französischen Mannschaft ist sowieso ein Reinfall gewesen. Kein Tagessieg. Gerade mal ein paar Ehrenplätze bei den Etappen und eine unspektakuläre Platzierung in der Gesamtwertung. Da kommt es auf ein Scheitern mehr oder weniger auch nicht an…

Nur sieht Sartre das ganz anders. Während der französische Teammanager das Aufwärmen beaufsichtigt, fällt ihm auf, mit welcher Nonchalance sein Fahrer die Aufgabe erledigt. Er bemerkt durchaus, dass Anquepil vor der Herausforderung scheut. Dabei ist der Kapitän der französischen Mannschaft eigentlich Spezialist in dieser Disziplin. Es wäre schade, wenn die Aussichten auf ein gutes Tagesergebnis durch einen Mangel an Motivation hergeschenkt würden. Sartre, der es gewohnt ist, mit dem Schlendrian seines stärksten Mannes umzugehen, versucht, Anquepil ein wenig Mut zu machen:

»Los, mein Großer, eine letzte kleine Anstrengung und dann gehört Paris dir, der Ruhm und die Feier! Sieh mal, ich verspreche, dir heute Abend sogar dein Lieblingsmahl zu spendieren – Lammbraten mit Fritten und Sangria –, wenn du im Zeitfahren unter die ersten fünf kommst. Na los, nur Mut, was sind schon zwanzig läppische Minuten Quälerei gegen dreitausendfünfhundert Kilometer, die du schon hinter dir hast? Was bedeuten einige Momente des Leidens gegen lebenslangen Ruhm?«

»Ich will ja gern, Jean-Paul, aber ich kann einfach nicht!«, jammert Anquepil. »Ich bin so erschöpft. Der Akku ist einfach leer. Ich habe keinen Tropfen Benzin mehr, all meine Essenz ist aufgezehrt...«

»Aber das spielt doch keine Rolle! Nachtanken kannst du später wieder, wenn alles vorbei ist. Was in diesem Moment allein zählt, ist deine Handlungsfreiheit. Du hast die freie Wahl: Entweder du entscheidest dich für ein ruhiges Zeitfahren und sicherst dir, ohne in den roten Bereich zu gehen, einen komfortablen Platz unter ferner liefen im Tagesklassement – oder aber du entscheidest dich dafür, noch einmal alles in diese letzte Anstrengung zu investieren und eine ganze Nation stolz zu machen. Die Entscheidung liegt in deinen Händen: Apathie oder Euphorie. Aber hör auf, mir zu erzählen, dein Tank wäre leer, deine Essenz wäre aufgezehrt, denn dann halte ich dir eine große Wahrheit entgegen: Die Existenz geht der Essenz voraus, das Sein dem Seienden! Nichts ist geschrieben, bis wir handeln.«

Sartre mag noch so sehr betonen, dass Anquepil selbst die freie Wahl habe, der eindringliche Blick seines Teammanagers gibt dem französischen Kapitän zu verstehen, dass es doch besser wäre, im Zeitfahren Vollgas zu geben... Und so zwingt er sich also, die Schlagzahl beim Warm-up auf dem Rollentrainer zu erhöhen, und wechselt gleichzeitig die Musik auf seinem Kopfhörer. Nach den Beatles und ihrem abwartenden »It Won't Be Long«, ist es nun an der Zeit, es mit ein wenig positivem Denken zu versuchen: die Stones und »Time Is On My Side«.

Eine gute Idee, denn tatsächlich ist die Zeit nun auf Seiten des französischen Kapitäns! Mit einem starken Einzelzeitfahren in den Straßen von Marseille setzt Anquepil eine neue Bestzeit und bleibt hauchdünn unter der Marke des Briten Bradley Russell. Gerade mal eine Sekunde trennen die beiden im Ziel. Und niemand wird am Ende schneller sein. Am vorletzten Tag der Tour verschafft Anquepil dem französischen Team doch noch den ersten, nicht mehr für möglich gehaltenen Etappensieg und rettet so die Bilanz der Mannschaft.

Die Tour der griechisch-lateinischen Mannschaft hingegen braucht nicht mehr gerettet zu werden. Sie ist bereits gelungen. Sie wäre sogar äußerst erfolgreich, wenn Platon es schaffen sollte, sein Weißes Trikot des besten Nachwuchsfahrers zu verteidigen. Doch die Aufgabe ist schwierig, denn Miguel Averroés hält sich bereit. Angesichts seiner Zeitfahrqualitäten sollte es dem Spanier ein Leichtes sein, den Rückstand wettzumachen. Sechsundzwanzig Sekunden auf mehr als zwanzig Kilometern allein gegen die Uhr und das am Ende eines dreiwöchigen Rennens – das ist praktisch nichts. Auch Platon steht also unter Druck.

Völlig in sein Warm-up vertieft, versucht der junge hellenische Fahrer, den Stress zu überspielen, der in ihm aufsteigt. Aber sein ungewohnt verschlossener Gesichtsausdruck verrät die Besorgnis umso stärker. Werde ich auf der Höhe sein? Habe ich die richtige Übersetzung gewählt? Soll ich schnell starten oder mir das Beste für den Schluss der Prüfung aufbewahren? Wie werde ich mich fühlen? Wie wird Averroés in Form sein? Platon kann nicht umhin, seinen Gedanken freien Lauf zu lassen, was ihn aber keineswegs beruhigt, sondern nur zur Folge hat, dass er sich immer tiefer in beängstigende Ungewissheit verstrickt.

Das ist einer der Momente, in denen die Rolle des Sportdirektors von großer Bedeutung ist. Der Teamchef muss seinen Fahrer so ansprechen, dass sich dessen Zweifel in Stärken verwandeln. Epiktet wählt als Mittel die Dialektik, denn er hatte beobachtet, wie sich Sokrates dieser Methode gegenüber seinem jüngeren Teamkollegen bediente und dass sie bei Platon offenbar wirkte.

»Mein lieber Platon, hast du nicht zwei Beine, zwei Arme, ein Herz und einen Kopf, genau wie Averroés?«

Platon kann nicht anders, als ihm zuzustimmen.

»Bist du nicht ein Zweibeiner, genau wie dein Kontrahent?«, fährt Epiktet fort.

»Ja, natürlich, aber worauf wollen Sie hinaus, Coach?«

»Platon, ich versuche dir zu zeigen, dass du gegenüber Averroés nicht die geringsten Komplexe zu haben brauchst, denn du bist in Wahrheit genauso geschaffen wie er. Glaubst du das nicht?«

»Ja, sicher. Aber ein Paar Beine kann stärker sein als ein anderes, ein Herz mehr oder weniger schnell schlagen, ein Kopf mehr oder weniger klar denken…«

»Pssst…«, unterbricht ihn Epiktet. »Wieder diese negativen Gedanken. Kümmere dich nicht um die Qualitäten deines Konkurrenten! Auf seine Leistung hast du keinen Einfluss. Was du steuern kannst, ist *deine* eigene Leistung. Glaub mir, wenn du so fährst, wie du es schon gezeigt hast, sind deine Sorgen unbegründet. Bist du davon nicht überzeugt?«

Platon scheint sich noch nicht so sicher zu sein… Aber nun wird es bereits Zeit, sich allmählich an den Start des Zeitfahrens zu begeben. Mit zusammengezogenen Brauen und schwerem, bangem Herzen fährt Platon auf die Startrampe zu. Zehn Minuten, fünf Minuten, drei Minuten… Die Zeit vergeht unglaublich langsam. Eine Minute, dreißig Sekunden, fünf Sekunden… Endlich ist der Moment gekommen, sich in den Wettkampf der Wahrheit zu stürzen. In etwa zwanzig Minuten wird Platon es wissen. Wissen, was in ihm steckt, was für ein Fahrer er ist und was er von der Zukunft noch erwarten kann.

Er braucht das Ende des Zeitfahrens gar nicht abzuwarten. Nach fünf Minuten Anstrengung weiß Platon es bereits. Er fühlt sich phänomenal. Nichts kann ihm mehr passieren. Platon ist sich sicher: Nie im Leben wird sein spanischer Widersicher eine bessere Zeit fahren als er. Im gefürchteten Anstieg hinauf zur Notre-Dame-de-la-Garde fühlt sich der junge Hellene wie transzendiert, fähig, die höchsten Gipfel zu erreichen. Seine eindrucksvolle Übersetzung tritt er mit einer seltenen Souplesse, und Platon hat dabei das Gefühl, die Essenz des Radsports zu spüren, dessen Idee selbst. So viele Strapazen, um zu velosophischer Weisheit vorzudringen. Welch ein Glück, die Suche endlich belohnt zu sehen!

Platons Gefühle haben ihn nicht getäuscht. Er wird Etappendritter, nur wenige Sekunden hinter dem Sieger Anquepil. Mit komfortablem Vorsprung sichert sich der griechische Fahrer das Weiße Trikot, das er zunächst nach Paris und dann nach Olympia tragen wird, wo eine riesige Schar neuer Radsportfans bereitsteht, ihre Helden nach dieser verrückten Odyssee zu feiern. Als guter Verlierer sucht Averroés seinerseits gar nicht nach Ausreden und erkennt die Überlegenheit seines Gegners an. Er spart nicht an Lobeshymnen, gratuliert Platon und sieht in ihm bereits einen werdenden Champion des Radsports und den künftigen König der Velosophen.

Etappe 21 – Montgeron–Paris

AUF DEN CHAMPS-ÉLYSÉES

Nun ist die Zeit der Champs-Élysées gekommen, ein Happy End als Epilog eines Abenteuers voller Beschwernisse und dramatischer Wendungen. Alle Momente des Zweifels, alle Tiefschläge sind vergessen und überwunden; es bleibt die Genugtuung, die Tour bezwungen zu haben.

Diese Genugtuung lässt sich auf Spinozas Gesicht ablesen, der auf den ersten Kilometern der Etappe von anderen Fahrern flankiert an der Spitze des Pelotons fährt, so wie es üblich ist. Ein Glas Champagner in der Hand, um den Journalisten einen Gefallen zu tun, trägt der Sieger der Tour mit Stolz sein schönes Gelbes Trikot. Doch die Zufriedenheit, die Spinoza offen zur Schau stellt, ist nichts im Vergleich mit der inneren Freude, die ihn beflügelt. »Alles Vortreffliche ist ebenso schwierig wie selten«, genießt er still für sich. Die letzten Wochen waren hart und schmerzvoll. Und dennoch waren sie es mehr als wert. Denn heute hat Spinoza das Gefühl, zum Erhabenen vorzustoßen und die radsportliche Perfektion zu erreichen. An diesem Tag geht der niederländische Fahrer in die Geschichte ein. An diesem Tag betritt er die Gefilde der Ewigkeit. Während er in ruhigem, gemessenem Tempo die Strecke zurücklegt, die das Fahrerfeld ins Zentrum von Paris führt, ist Spinoza von einer überirdischen Glückseligkeit erfüllt. Seine Suche ist vollendet.

Pascal hat die Tour nicht gewonnen. Doch auch in ihm steigt ein Gefühl von Erhabenheit und tiefer Glückseligkeit auf, als er die Champs-Élysées erreicht und die ersten Meter auf dem Kopfsteinpflaster fährt. Seitdem Nietzsche ihm offenbart hat, dass sein Gott tot ist, hat sich der ehemalige Theologe ganz einem ehrgeizigen Ziel verschrieben: Radprofi werden, um diesem elenden Zustand als vom Nichts bedrängter Mensch zu entkommen. Eine triviale, eitle und sinnlose Ambition, wie ihm seine ehemaligen Kollegen an der Universität abschätzig versichert haben. Heute stehen sie auf den Bürgersteigen entlang der Champs-Élysées und stellen mit einem Anflug von Neid fest, dass Pascals Bekehrung von Erfolg gekrönt war. Er hat gewonnen. Paris gehört ihm.

In der deutschen Mannschaft ist man noch nicht so weit, das Wohlgefühl zu genießen, Paris erreicht zu haben und endlich über die Champs-Élysées zu rollen. Denn alle Fahrer der Mannschaft sind auf das letzte Ziel konzentriert, das es zu erreichen gilt: noch einen prestigeträchtigen Tagessieg für den mit dem Grünen Trikot des besten Sprinters geschmückten Zadel. Vogt, Freud, Ullrig, Marx, Alltich – einer nach dem anderen erhöhen sie das Tempo an der Spitze des Pelotons, um die Meute auf den letzten Metern des Rennes so weit wie möglich in die Länge zu ziehen und ihren schnellen Mann in die beste Position für den Zielsprint zu bringen. Mission geglückt. Von seinen Anfahrern mustergültig lanciert, lässt Zadel ausgangs der Place de la Concorde seine Muskeln sprechen und setzt sich mühelos durch auf der Straße, die mehr denn je den Titel des schönsten Prachtboulevards der Welt verdient hat.

Freud ist hysterisch, fast ohnmächtig vor Freude. Kaum ist die Ziellinie überquert, geht er auf die Traube von Journalisten zu, die den Tagessieger umringt. Einen nach dem anderen räumt er aus dem Weg und springt Zadel buchstäblich in die Arme. Sein Traum ist wahr geworden. Zwar hat er selbst nicht gewonnen, aber es ist ganz so als ob. Wenn er auch kein großer Radrennfahrer ist, so macht es ihn glücklich, unter ihnen seinen Platz gefunden zu haben. Und dieses stellvertretende Glück genügt ihm vollkommen.

Auch Marx hat selbst keine der Lorbeeren des Juli errungen. Doch war er weit davon entfernt, sich untätig im Hintergrund zu halten, reihte er doch einen Ausreißversuch an den nächsten und kämpfte auch abseits des Rades für die Belange, die ihm wichtig waren. In Anbetracht dieser großen Aktivität kam die Jury nicht umhin, ihm den Titel des »kämpferischsten Fahrers der Tour« zu verleihen, einen Preis, der denjenigen auszeichnet, der das Rennen am meisten belebt hat.

Genau wie Zadel, der das Grüne Trikot gewinnt, hat Marx daher die Ehre, das finale Podium der Tour de France zu besteigen. Ein besonderer Moment, der symbolisch für den Erfolg des gelungenen Experiments der Radsportler-Philosophen steht. Böse Stimmen sahen in der deutschen Mannschaft nur einen zusammengewürfelten Haufen, der zur Zwietracht bestimmt war. Zu Unrecht. Der Mannschaftsgeist, den das deutsche Team über das gesamte Rennen hinweg bis zu diesem letzten Erfolg auf den Champs-Élysées bewiesen hat, Freuds exaltierte Begeisterung nach dem Etappensieg, das komplizenhafte Lächeln zwischen Marx und Zadel – all das sind im Gegenteil lauter Beweise, wie robust diese seltsame Mischung doch ist.

Wie so oft hat sich Einstein als Wegbereiter erwiesen. Er, den man zunächst verspottet und so scharf kritisiert hatte, wird nun in den Himmel gehoben. Dank ihm hat der deutsche Radsport ein wenig von seiner Aura wiedergewonnen. Dank ihm versteht nun jeder, dass Denker und Macher sich nicht unvereinbar gegenüberstehen, sondern dass sie vielmehr komplementär sind. Dass sie einander ergänzen. Durch ihren Handschlag auf dem Podium leiten Marx und Zadel eine neue Ära ein: Die beiden besiegeln endgültig die Verbindung von Radsport und Philosophie.

Desgleichen Nietzsche und Platon, der beste Kletterer und der beste Nachwuchsfahrer... Auch sie erfahren das Glück, auf dem Schlusspodium der Tour de France zu stehen. Auch sie symbolisieren aufs Beste eine perfekte Verbindung von Denken und Handeln. Was haben sie zu diesem Thema zu sagen? Um ehrlich zu sein nichts. Man hat sie gerade zu einem der berüchtigten Clubs der Hauptstadt aufbrechen sehen. Zu viel wurde schon gesagt, zu viele Anstrengungen geleistet. Es ist genug. Jetzt ist es Zeit zu leben, Zeit, das Ende dieses großen und schönen Epos zu feiern. Ein Fest, das der Maßlosigkeit unserer Helden würdig ist, wird vorbereitet, ein Fest, das man sich dionysisch vorstellen darf...

Doch mehr werden wir nicht sagen, denn wie jeder weiß: Worüber man nicht sprechen kann, darüber muss man schweigen.

Nachwort

SOKRATES' TOLLDREISTE TOUR

Wie viele Pedalumdrehungen mögen es gewesen sein, seitdem ich »Sokrates auf dem Rennrad« vor nun zwei Jahren zu Ende geschrieben hatte? Wie viel Wasser ist unter den Brücken hindurchgeflossen und wie viel Schweiß die Stirn hinab? Sokrates hat ein ganz schönes Kunststück vollbracht. Er hat uns ganz schön auf Trab gehalten mit seiner tolldreisten Tour. Nun wird er bereits neu aufgelegt. Eigentlich ein Unding für einen Philosophen, der dafür bekannt war, zu seinen Lebzeiten keine Zeile geschrieben zu haben, und der es vorzog, seine Lehren über die einfache Kunst des Dialogs auf der *Agora* und anderswo zu vermitteln. Bücher über Bücher haben sich dieser Verweigerung des Buches gewidmet. Meinerseits will ich meinen Beitrag darauf beschränken, diese Entscheidung für das Mündliche sowie für Bewegung, Dynamik, Aktion zu analysieren. Sokrates wollte nicht, dass sein Werk oder seine Person festgeschrieben würden. Er gab nicht vor, die Welt zu erklären, und räumte stets seine Unfähigkeit ein, definitive Schlüsse zu ziehen. Seine Arbeit war eine Wanderung. In diesem Sinne ist Sokrates der erste antisystemische Philosoph.

Ohne mir anzumaßen, mich mit ihm zu vergleichen, und obwohl ich der Versuchung erlegen bin, ein Buch zu schreiben, entdecke ich mich in dieser Verweigerung der Systeme wieder.

Die Modelle ausführlicher und endgültiger Erklärungen, die vollkommenen theoretischen Konstrukte scheinen mir, so schön und verlockend sie sein mögen, am Ende doch leer und leblos.

Darum wurde »Sokrates auf dem Rennrad« als beweglicher Text verfasst, fast als ein Text mit Löchern, die jeder Leser anschließend nach seiner Laune füllen würde, je nachdem, wer er war oder was er suchte. So zahlreich sie auch sein mochten, die philosophischen und radsportlichen Referenzen und Anspielungen waren nicht darauf angelegt, entschlüsselt zu werden. Weit gefehlt. Jeder konnte sich bedienen, wie er wollte und wo er wollte. »*Comprend qui peut, ou comprend qui veut*«, sang einst Bony Lapointe – »Verstehe, wer will, oder verstehe, wer kann«. Vermutlich eine Anspielung auf Sokrates. Oder auf Nietzsche, der seinerseits betonte: »Man will nicht nur verstanden werden, wenn man schreibt, sondern ebenso gewiss auch nicht verstanden werden.« Mein Buch wurde aus einer Vielzahl von Gründen gelesen und geschätzt, die sich oft von meinen ursprünglichen Intentionen erheblich unterschieden. Umso besser! Denn es beweist, dass mein Text gelebt hat.

Warum sollte er also nicht weiterleben? Als man mir anbot, »Sokrates« zu überarbeiten, ihm ein neues Vorwort zu geben und eine Fortsetzung (»Sokrates auf dem Rennrad, die Rückkehr«? »Sokrates auf dem Rennrad 2«?), kurzum, das Buch neu aufzulegen, war meine erste Reaktion trotzdem verlegen: Wenn ein Werk veröffentlicht ist, so glaubte ich, darf es nicht mehr geändert werden, was auch immer seine Fehler und Unzulänglichkeiten sein mögen. Ein Wiederaufflammen eines archaischreligiösen Gefühls. Eine Sakralisierung des Buches. Aber dann dachte ich: Wenn nichts einen Sinn besitzt, wenn es keine ewige Wahrheit gibt, wenn nichts feststeht, dann ist auch nichts heilig. Wenn es so viele Bücher gibt, wie es Leser gibt, so viele Wahrheiten wie Interpretationen, dann steht der Weiterentwicklung eines Werks nach seiner Veröffentlichung auch nichts entgegen. So etwas wie ein einmaliges Buch existiert nicht.

»Sokrates auf dem Rennrad« häutet sich somit. Ich habe den Rhythmus der Erzählung ein wenig verändert – vor allem zu Beginn –, damit die Lektüre weniger unruhig ist, etwas flüssiger, kurz gesagt: offener. Dadurch klebt der Leser nicht mehr so am Wort und kann das Gesagte besser wie ein Spiegel reflektieren. Die Gesamtökonomie des Textes ist jedoch gleich geblieben. Die wesentlichen Änderungen rühren anderswoher – von den äußeren Einflüssen, die das Buch seit seiner Veröffentlichung erfahren hat. Wichtiger als das, was gesagt wird, ist die Art und Weise, wie es wahrgenommen wird. Ein Werk beschränkt sich nicht auf seinen Autor. Letzterer dient nur dazu, neue Blickwinkel zu eröffnen. »Sokrates auf dem Rennrad« ist durch die vielen Perspektiven gewachsen, die auf den Text projiziert wurden.

Suchen Sie in diesem Nachwort bitte auch nicht nach einem erläuternden Kommentar. Diese überarbeitete Fassung des Buches entspricht weiterhin meiner ursprünglichen Intention: ein Werk zu erschaffen, das zur Interpretation einlädt, ein offenes Werk, das man immer wieder zur Hand nehmen und nach Belieben neu entdecken kann. Genau wie einen »Asterix«-Band, einen Aphorismus von Nietzsche oder ein Chanson von Bobby Lapointe. Eben wie einen sokratischen Dialog.

Ich ärgere mich häufig über unangemessene Klassifizierungen und leichthin angeheftete Klischees. Wenn ich Menschen, die alles in Schubladen stecken, nicht mag, dann gerade deshalb, weil sie nicht sehen, dass das Leben ein ständiger Wandel ist, dass unsere Umwelt und unsere Zeit uns Schritt für Schritt formen. Ein Buch ist in diesem Sinne ein Abbild des Lebens: Es wandelt sich, mittels seiner Leser, seiner Figuren und seines Autors.

Was die Erstgenannten angeht, bewirkt ihre Lektüre des Textes dessen Transformation. Aus Konsumenten werden Akteure. »Sokrates auf dem Rennrad« hat sich entwickelt, weil die Menschen bereit waren, sich des Buches anzunehmen, ihm ihre eigene Wahrnehmung einzuschreiben, ausgehend von dem, was sie sind, von ihren Wünschen und Ideologien, ihrer Mentalität und ihrem Körper. Ich kann mich bei meinen Lesern nur bedanken, die Erzählung aufgenommen und entwickelt zu haben – dass sie aus ihr ein lebendes Objekt gemacht haben.

Zuvor hatten natürlich die Figuren selbst den Text umgestaltet, je mehr sie zu Persönlichkeiten wurden... Ich war von Archetypen ausgegangen, die im Laufe der Zeit dann an Kontur gewannen. Meine Velosophen sind in Paris nicht mehr dieselben wie in Olympia. Sie haben Selbstvertrauen und Anerkennung gewonnen. Sie haben in jeder Hinsicht gewonnen – und das ändert einen Menschen und ein Buch. »Sokrates auf dem Rennrad« (der Titel entstand erst vergleichsweise spät) wurde nicht nach einem vorgezeichneten Plan geschrieben, wie es der Fall ist, wenn man eine Dissertation verfasst oder eine Powerpoint-Präsentation erstellt. Aus einigen ersten Ideen heraus entspannte sich der Erzählfaden, jeweils abhängig von den

Empfindungen, die ich über die Entwicklung der einzelnen Charaktere hatte.

So sind wir sozusagen Tag für Tag, über eine ganze Radsportsaison hinweg, der Entwicklung von Sokrates, Platon, Nietzsche und Marx gefolgt... Ihre körperliche Verfassung schwankte, was normal ist. Wenn man Radrennfahrer ist und außer Form, neigt man leicht dazu, sich selbst als schlecht und minderwertig zu empfinden – genau wie Menschen im Alltag, die nach einem Misserfolg leicht an Selbstwertgefühl verlieren. Ein Buch über Radsportler zu schreiben, das eine philosophische Dimension besitzt, bedeutete zu zeigen, dass nichts an sich definitiv ist. Dass es stets angebracht ist, Abstand gegenüber der Neigung zu wahren, unseren augenblicklichen Zustand für immerwährend zu halten. Radsport ist ein Zyklus. Eine Saison geht vorüber. Und das Leben ist eine ewige ... Wiederkehr. Warum also sich selbst verdinglichen wollen?

Diese Frage stelle ich mir selbst ebenso wie meinen Lesern, denn wie oft muss man gegen den Sog des Sentiments ankämpfen, gegen die immer lauernde Falle, das letzte Ereignis, das einem widerfahren ist, als absolut zu setzen. Schreiben war für mich immer ein ausgezeichnetes Mittel, diese fatalen Gedanken zu überwinden. Und das ist es noch immer.

Ich komme damit zu meinem dritten Punkt: Auch ein Autor entwickelt sich. Ich bin nicht mehr derselbe wie im Juli 2017, als ich dieses literarische Experiment begann. Ich habe mich sportlich und literarisch weiterentwickelt. Wenn ich das Buch erneut lese, erkenne ich auch dessen Mängel: in erster Linie seinen manchmal zu direkten, zu offenen Stil, so als hätte ich

Angst, ausführlicher zu werden (übertriebene Bescheidenheit? Selbstzweifel des Hochstapler-Syndroms?). Andererseits habe ich mich vielleicht zu sehr in Feinheiten verloren, beispielsweise der Differenzierung zwischen Velosophen und Radsportler-Philosophen, oder in meinem Anspruch, Form und Inhalt zur Deckung zu bringen, Essay und Fiktion zu verschmelzen (überzogene Anmaßung? Versuchte ich im Grunde, nicht verstanden zu werden?). Und schließlich: Wo sind die Frauen? Oder die orientalische Philosophie? Ich muss an dieser Stelle gestehen, das Produkt meiner Erziehung zu sein, die sich als äußerst westlich- und macho-zentriert erweist. Doch die Dinge sind in Bewegung. »Sokrates auf dem Rennrad« ist vor kurzem auf Mandarin erschienen, was ihm neue Interpretationsmöglichkeiten eröffnet, neue Sichtweisen erlaubt. Darüber bin ich glücklich; genauso wie ich glücklich darüber bin, dass sich die traditionell sehr maskulinen Zirkel des Radsports und der Philosophie ganz allmählich diversifizieren, so gut es eben geht.

»Sokrates auf dem Rennrad« ist also ein Buch voller Schwächen, in die ich hier nur einen kurzen Einblick gegeben habe. Trotzdem verleugne ich nicht meinen ursprünglichen Text. Ich versuche weder, ihn zu verändern, noch, ihn zu ergänzen. Wenn er sich nun gehäutet hat, dann aus sich heraus. Genauso wie in der Dialektik die These in der Antithese enthalten ist, so ist der Urzustand von »Sokrates« in seinem Endzustand enthalten. Bin ich derselbe Autor wie noch vor drei Jahren? Derselbe Radrennfahrer wie zu meinen Anfängen? Bin ich noch der, der ich als Kind war? Alles äußerst philosophische Fragen. Der Radsport hat mir beigebracht, dass nichts umsonst ist, dass alle unsere Erfahrungen in uns einfließen, in uns eingearbeitet sind. Auf gleiche Weise scheint mir ein neu aufgelegter Text, auch wenn er nur wenig verändert wurde, dank seiner Vorgeschichte gestärkt auf die Welt zu kommen.

Und genau deswegen kann ich dieses Nachwort nicht vollenden, ohne auf die ursprünglichen Ziele zurückzukommen, mit denen ich dieses Buch verfasst habe. Es ging mir zunächst darum, zwei Leserkreise zusammenzuführen, die auf den ersten Blick weit voneinander entfernt scheinen – die Vertreter der Geistes- und der Sportwelt –, und auf diesem Wege einige anhängige Klischees zu demontieren: nämlich, dass Erstere allesamt sanfte, von der Wirklichkeit entkoppelte Träumer seien, die weder zur Tat schreiten noch lachen können, und das Letztere einfach nichts im Kopf haben. Mich selbst wollte ich zudem vor einem Image verwahren, das man begann, mir allzu leichtfertig anzuheften: das des »intellektuellen Radrennfahrers«. Und schließlich wünschte ich mir einfach, Spaß an einer für mich neuen Aufgabe zu haben, dem Schreiben eines Buches.

Wurden diese Ziele erreicht? Insgesamt möchte ich behaupten: ja. Mein doppeltes Vorhaben der Popularisierung – sportlich wie philosophisch – war eine Herausforderung. Ich durfte, unter der Gefahr, ein allzu flaches Werk zu liefern, nicht zu übertriebener Vereinfachung neigen. Ich wollte aber auch niemanden ausgrenzen. Es war eine Gratwanderung, denn ich wollte auf gleich zwei verschiedenen Gebieten sowohl Spezialisten als auch Laien gleichermaßen ansprechen…

Wenn ich heute bei einer literarischen Veranstaltung auftrete, in einer Bibliothek oder anderswo, wenn ich die an mich gerichteten Briefe und Nachrichten lese, dann entdecke ich ein bunt gemischtes Publikum, bei dem sich Allesleser, Radsportbesessene, begeisterte Kinder und Universitätsprofessoren mischen… Diese Menschen haben *a priori* nichts miteinander gemein. Sie *dürften* sich eigentlich nicht begegnen. Nur ein Buch vereint sie.

Man hat mir gesagt, »Sokrates auf dem Rennrad« sei zu einfach, zu oberflächlich, oder aber im Gegenteil, der Zugang sei zu schwierig. Solch gegensätzliche Reaktionen bestätigen mich: Ich befinde mich vermutlich dort, wo ich hinwollte, in der goldenen Mitte, am Zusammenstrom verschiedener Arten von Publikum. Durch welche Tür man die Tour de France der Philosophen auch immer betreten hat: Man sollte in der Lage sein, sie durch eine andere wieder zu verlassen.

Was die kleine mediale Erregungswelle angeht, über die ich mich nach meiner ersten Tour-de-France-Teilnahme beklagte, so kann ich drei Jahre später mit Genugtuung deren Abebben feststellen. Natürlich befragt man mich weiterhin zu meiner doppelten literarischen und sportlichen Existenz. Aber in den meisten Fällen geschieht das mit Einfühlungsvermögen und Originalität. Mag das Thema auch immer noch das gleiche sein, so wird es doch anders behandelt.

Heute habe ich das Gefühl, auf beiden meiner Tätigkeitsfelder anerkannt zu sein. Seit 2017 hat mein Status als Rennfahrer sich entwickelt. Ich habe die Tour de France 2019 als Zwölfter beendet und einige schöne Rennen gewonnen. Dadurch erkennt man mich heute als einen der besten französischen Fahrer an und darum werde ich, genau wie Sokrates, nicht mehr von meiner Doppelexistenz her beurteilt (»für einen Philosophen fährt er echt gut Rad!«), sondern aufgrund meiner eigenen Leistungen.

Die Kehrseite schätze ich ebenfalls. Dann könnte man sagen: »Für einen Radsportler ist er ein anständiger Philosoph.« Dazu darf ich bemerken, dass man sich mehr und mehr für den Eigenwert meines Denkens interessiert, für die philosophische Position, die ich vertrete. Einige Medienauftritte, zu denen ich eingeladen wurde, um mein Buch vorzustellen, waren in diesem Sinne sehr aufschlussreich. Machte man sich früher noch über die Unvereinbarkeit meiner beiden Professionen lustig, begann man nun auf die Details zu achten, blickte auf das, was sich unter dem Helm verbarg, auf den Weg, der mich zu dem gemacht hatte, der ich jetzt war. Mit anderen Worten: Ich brauche mich nicht mehr über die Journalisten zu beklagen, die nun in den meisten Fällen bei ihren Interviews einen originellen Ansatz finden. »Sokrates auf dem Rennrad« ist daran sicher nicht unschuldig.

Meine Ausgangsposition hat sich also verändert. Ich fühle mich viel freier als noch vor drei Jahren. Damals kämpfte ich mit dem Image des intellektuellen Radrennfahrers und beschwerte mich darüber; und dann hatte ich es auch noch eilig, ein Buch über Radsport und Philosophie zu veröffentlichen! Das bedeutete doch nur, den Stock zu reichen, mit dem man geprügelt wird. Gleichzeitig konnte ich mir nur schlecht vorstellen, ein anderes Thema anzugehen als die beiden Felder, die mich bekannt gemacht hatten. Ich empfand mich als illegitim, als Gefangener des eigenen Images und der Figur, die ich verkörperte, und doch innerlich gezwungen, sie am Leben zu halten. Wie aus dieser komfortablen Falle ausbrechen?

Dann doch lieber diese Figur völlig durchdeklinieren, dachte ich mir, und dabei die Verbindungen von Philosophie und Radsport in ihrer kompletten Bandbreite ausschöpfen, auch wenn die Striche vielleicht etwas grob ausfallen. Herausgekommen ist diese fantasierte, haarsträubende Fiktion, diese »Tour de France der Philosophen«. Es war ein perfekter Vorwand, um all meine Anforderungen umzusetzen und zugleich mit Humor und Abstand gewissermaßen einen Ausfallschritt zu machen. Gleichzeitig beschloss ich, den Text parallel zur Handlung mit Reflexionen und autofiktionalen Elementen anzureichern. Sie sollten neue Perspektiven eröffnen. Und so wurde »Sokrates auf dem Rennrad«, indem es alle Erwartungen erfüllte, die ich mir vorstellte, auch zu einer Art Hintertür… Zu einem Ausweg, der die notwendige Voraussetzung für jede zukünftige literarische Erfahrung war.

Heute fühle ich mich in der Lage, als Autor auch etwas ganz anderes zu entwerfen, über den philosophisch-radsportlichen Themenkomplex hinaus. Einen Roman vielleicht, Kindergeschichten, ein Drehbuch, wer weiß? Das Spielfeld ist frei. Das soll weder bedeuten, dass ich mich von meinen bisherigen Veröffentlichungen lossage, noch dass ich mir verbieten würde, erneut Sport und Philosophie zu verknüpfen. Ich fühle mich einfach von einer gewissen moralischen Verpflichtung befreit, die mich auf ein spezifisches Genre beschränkt.

Was wird als Nächstes kommen? Mehr denn je werde ich mich von den Gelegenheiten, die sich bieten, und von meinen Neigungen leiten lassen. Denn wenn Radsport und Schriftstellerei auch kollektive Abenteuer und Räume der Begegnung sind, so bleibt der Hauptgrund, aus dem ich mich ihnen widme, doch ganz einfach der, dass ich Freude daran habe. Ich schreibe vor allem für mich selbst und ich fahre vor allem für mich selbst Rad. Eine einfache, ehrliche, aber effektive Lebensphilosophie.

Was die Zukunft angeht, ist eines sicher: Der Radsport bleibt meine Priorität, der Eklektizismus aber eine Notwendigkeit. Unter meinen zukünftigen Projekten werden einige sein, die nicht literarisch sind. Ich bin jetzt schon an einem Unternehmen beteiligt, das sich mit der Renovierung von Gästehäusern auf dem Land befasst, in der Orne, der Gegend, in der ich aufgewachsen bin. Ein drittes Betätigungsfeld, ebenso würdig und ehrenhaft wie die beiden ersten, und ich gehe es mit der gleichen Ernsthaftigkeit an, mit der gleichen Leidenschaft. In der Zwischenzeit wartet vielleicht schon die vierte oder fünfte Berufung (Bäcker? Journalist?)... Ich glaube, bewiesen zu haben, dass ich zu mehreren Unternehmungen gleichzeitig fähig bin, ohne dass eine unter den anderen leidet...

Aber wozu die vielen Projekte, all diese Masken, die sich überlagern? Warum finde ich mein Vergnügen und meine Erfüllung nicht in einem einzigen Beruf, der alle übrigen ausschließt?

Ich verleugne nicht, was ich bereits im Buch geschrieben habe: Meine vielen Beschäftigungen sind Antworten auf eine gewisse Sinnleere und gleichzeitig Ausdruck eines desillusionierten Strebens nach Höherem. Langeweile ist mein Motor und Quelle meiner Inspiration. Sie erlaubt mir, an Höhe zu gewinnen. Als guter Kletterer genieße ich es – wie Nietzsche in Sils Maria –, mich »sechstausend Fuß über dem Meere und viel höher über allen menschlichen Dingen« zu befinden. Es ist vielleicht kein Zufall, wenn ich dieses Nachwort in einem Flugzeug zu schreiben begonnen habe, das nach einem Rennen in Argentinien mitten in der Nacht über den Ozean flog, und noch weniger, dass ich es während eines Trainingslagers am Ätna beende, im *Rifugio Sapienza*.

Dieser symbolische Ort war im Buch Schauplatz einer epischen Szene – ihrerseits eine Hommage an Empedokles –, in der Sokrates auf mysteriöse Weise verschwindet und sich in den nebligen Höhen des sizilianischen Vulkans verliert. Diese Passage hatte ich mir im Anschluss an ein Höhentrainingslager im *Rifugio* ausgedacht, einem durchaus realen Ort, an dem ich mich der sauerstoffarmen Luft anpasste, um meinen Körper an den Kampf in einer feindlichen Umgebung zu gewöhnen. Unterdessen brachten diese Wochen im Trainingslager auch ihren Leerlauf, weshalb ich mich auch literarischen Träumereien hingab, die bald zu kleinen, handschriftlich festgehaltenen Erzählungen wurden. Knapp ein Jahr später gewann ich die letzte Etappe der Sizilien-Rundfahrt, deren Zielankunft genau vor ebendiesem Hotel stattfand. Fiktion und Realität treffen manchmal aufeinander, dekonstruieren die uns bekannten Grenzen, stellen unsere vorgefassten Meinungen infrage. Ein Ort der Arbeit und des Müßiggangs gleichermaßen, der Aufregung, der Kontemplation, der Meditation, des Schmerzes und dann des Feierns: Sie werden sicher verstehen, dass der Ätna recht gut mein Verhältnis zum Radsport verkörpert, zum Schreiben und, weiter gefasst, mein Verhältnis zum Lauf der Welt insgesamt, diesem bewegten Strom, den ich spielerisch, aber ernsthaft begleite, in dem ich bade, während ich gleichzeitig versuche, aus ihm herauszuragen. Im Nachhinein, einige Jahre später, erkenne ich bei der Betrachtung von

»Sokrates auf dem Rennrad«, was ich erreichen wollte: Ich wünschte, durch das Schreiben dieses Buches Abstand zu gewinnen, um mit neuen Augen zu sehen, wer ich bin, wer ich war, was ich geschaffen habe und was mich umgibt. Vor allem aber wollte ich mich selbst amüsieren, indem ich eine Art Zwischenstand ablieferte, eine Momentaufnahme meines Lebens.

Und Sokrates? Hat er sich vor zweitausendfünfhundert Jahren in das Abenteuer Philosophie gestürzt, um auf Distanz zur Welt zu gehen? Oder weil er sie vielmehr besser in sich aufnehmen wollte? Wenn er nicht schrieb, obwohl er viele Dialoge führte, wenn er viele Wege einschlug, ohne ihnen bis ans Ende zu folgen, geschah das dann aus Langeweile oder aus Spiel? Und als er kürzlich zum Gipfel des Ätna davonfuhr oder auf dem See von Embrun verschwand und sein Umfeld verstört zurückließ – wollte er damit eine Botschaft vermitteln oder gab er lediglich dem Ruf seines »Dämons« nach, wie er selbst es nannte? Sokrates hat ein ganz schönes Kunststück vollbracht. Er hat uns ganz schön auf Trab gehalten mit seiner tolldreisten Tour. Möge er das noch häufiger tun.

25. Februar 2020, Rifugio Sapienza, Ätna

DANKSAGUNG

Das Verfassen eines Buchs ist ein langes Rennen in Etappen. Mein Dank geht an alle, die mich, ohne ihre Pedalumdrehungen zu zählen, auf diesem Weg begleitet haben: Philippe B., Christophe, Pierre M., Philippe R., Émilie, Marie, Daniel.

Mein Dank gilt ebenfalls denen, die mir alle auf ihre Art erlaubt haben, mich nicht zwischen »Kopf und Beinen« entscheiden zu müssen: Bruno, Pierre C., Clément, J.-F. Balaudé, meinen ehemaligen Teams und meiner aktuellen Mannschaft, dem Team Cofidis.